RESEARCH REPORT ON
THE YELLOW RIVER BASIN DEVELOPMENT INDEX

黄河流域发展指数
研究报告

黄 河 勘 测 规 划 设 计 研 究 院 有 限 公 司
国务院发展研究中心资源与环境政策研究所　**联合课题组　著**
水　利　部　发　展　研　究　中　心

中国发展出版社
CHINA DEVELOPMENT PRESS

图书在版编目（CIP）数据

黄河流域发展指数研究报告 / 黄河勘测规划设计研究院有限公司，国务院发展研究中心资源与环境政策研究所，水利部发展研究中心联合课题组著. — 北京：中国发展出版社，2023.5

ISBN 978-7-5177-1363-0

Ⅰ. ①黄… Ⅱ. ①黄… ②国… ③水… Ⅲ. ①黄河流域—流域经济—区域经济发展—研究报告 Ⅳ. ①F127.2

中国国家版本馆CIP数据核字（2023）第081259号

书　　名： 黄河流域发展指数研究报告
著作责任者： 黄河勘测规划设计研究院有限公司、国务院发展研究中心资源与环境政策研究所、水利部发展研究中心联合课题组
责 任 编 辑： 郭心蕊　贾雅楠
出 版 发 行： 中国发展出版社
联 系 地 址： 北京经济技术开发区荣华中路22号亦城财富中心1号楼8层（100176）
标 准 书 号： ISBN 978-7-5177-1363-0
经　销　者： 各地新华书店
印　刷　者： 北京市金木堂数码科技有限公司
开　　本： 880mm × 1230mm　1/16
印　　张： 4
字　　数： 64千字
版　　次： 2023年5月第1版
印　　次： 2023年5月第1次印刷
定　　价： 39.00元

联 系 电 话：（010）68990625　68360970
购 书 热 线：（010）68990682　68990686
网 络 订 购： http://zgfzcbs. tmall. com
网 购 电 话：（010）88333349　68990639
本 社 网 址： http://www.develpress. com
电 子 邮 件： 370118561@qq.com

“黄河流域发展指数研究”课题组

顾　问

隆国强　国务院发展研究中心副主任、党组成员

苏茂林　河南省人民政府参事，水利部黄河水利委员会原副主任、原党组副书记

张建云　中国工程院院士

邓铭江　中国工程院院士

组　长

张金良　黄河勘测规划设计研究院有限公司原董事长、教授级高级工程师

高世楫　国务院发展研究中心资源与环境政策研究所所长、研究员

陈茂山　水利部发展研究中心主任、教授级高级工程师

黄河勘测规划设计研究院有限公司

张金良　景来红　刘继祥　曹智伟　武　见　罗秋实　李超群　鲁　俊

金　鑫　赵　焱　刘柏君　张　超　王　敏　贠元璐　赵梦龙　严登明

谭培影　王　炜　王东翻　马雯思

国务院发展研究中心资源与环境政策研究所

高世楫　谷树忠　李维明　王海芹　陈健鹏　吴　平　李继峰　熊小平

杨　艳　俞　敏　韩　雪　焦晓东　何建武　施戍杰　薛秀清　何　凡

樊静丽　彭　伟　黄俊勇　杜悦悦

水利部发展研究中心

陈茂山　李肇桀　张　旺　王亦宁　姜　斌　李新月　秦国帅　张海涛

刘政平　刘　璐　刘　波

华北水利水电大学

刘汉东　刘雪梅　韩宇平　李彦斌　张远生

致 谢

在《黄河流域发展指数研究报告》出版之际，联合课题组衷心感谢国务院发展研究中心副主任隆国强、研究员李善同，国家统计局统计设计管理司及统计科学研究所、河南省统计局等部门有关领导和专家在本报告指标设计阶段提供的建议和数据支持，衷心感谢水利部黄河水利委员会原主任岳中明、原副主任苏茂林、副主任周海燕，中国工程院院士张建云和邓铭江等对本报告的研究方法、主要结论和观点等给予的悉心指导和帮助，衷心感谢新华社、《光明日报》、《中国经济时报》、《中国水利报》、《中国环境报》等主流媒体对本报告的广泛报道和支持。

联合课题组

摘　要

黄河是中华民族的母亲河。黄河流域涉及我国青海、四川、甘肃、宁夏、内蒙古、山西、陕西、河南、山东等东中西部九个省份，自然资源禀赋各异，经济发展层次多样，是我国筑牢重要生态屏障、促进东中西部协调发展、构建新发展格局的重要战略依托，在国家发展大局和社会主义现代化建设全局中具有举足轻重的战略地位。

党中央、国务院一直高度重视黄河的保护和发展。尤其是党的十八大以来，习近平总书记多次实地考察黄河流域生态保护和发展情况，就三江源、祁连山、秦岭等重点区域的生态保护建设提出要求。2019年9月18日，习近平总书记在郑州主持召开黄河流域生态保护和高质量发展座谈会并发表重要讲话，将黄河流域生态保护和高质量发展上升为重大国家战略，发出了“让黄河成为造福人民的幸福河”的伟大号召。2020年10月，中共中央、国务院发布《黄河流域生态保护与高质量发展规划纲要》，对推动落实黄河流域生态保护和高质量发展国家战略作出全面部署。2021年10月22日，习近平总书记在济南主持召开深入推动黄河流域生态保护和高质量发展座谈会并发表重要讲话，再次强调要咬定目标、脚踏实地、埋头苦干、久久为功，为黄河永远造福中华民族而不懈奋斗。2022年10月闭幕的中国共产党第二十

次全国代表大会，更是明确要求加快构建新发展格局，着力推动黄河流域生态保护和高质量发展。

为深入贯彻习近平总书记系列重要讲话精神和党中央决策部署，国务院发展研究中心资源与环境政策研究所、水利部发展研究中心、黄河勘测规划设计研究院有限公司成立联合课题组，开展了黄河流域发展指数（Yellow River Basin Development Index, YBDI）评价研究。这一研究以系统思维为统领，通过构建流域巨系统综合评价体系，把握流域各要素的整体和有机联系，以客观评价黄河流域综合发展质量，并揭示黄河流域巨系统的历史演变规律，为黄河保护治理重要规划和重大工程决策评估、黄河流域生态保护和高质量发展重大国家战略实施效果量化评估提供理论技术支撑。

研究表明，1990—2020 年，YBDI 总体上呈现先降后升、波动式向好态势（1992 年出现最低值 52.53，2020 年出现最高值 64.13）。特别是 2012 年以来，随着生态文明建设上升为党的执政方略，尊重自然、顺应自然、保护自然的理念融入经济、政治、文化、社会建设各方面和全过程，生态环境和经济社会发展水平持续提高，YBDI 总体上持续提升。与此同时，极端灾害事件和风险因素对 YBDI 产生严重干扰，影响较大的指标是“典型河段总淤积量（黄河下游）”“生境质量指数”“重要断面生态流量保证程度”和“典型省份清洁能源构成占比”等，说明水沙关系调节、生态保护修复、清洁能源发展等是影响黄河流域生态保护和高质量发展的关键因素。为此我们建议，下一步应重点围绕完善黄河流域水沙调控体系、构建国家水网、加快落实水资源最大刚性约束、优化流域能源发展战略等关键问题，强化流域治理管理的重点工作，进一步加强河流健康、生态环境、社会经济各子系统协同，持续提升流域发展质量。

流域发展指数测算是一项探索性工作，涉及众多领域，受联合课题组经验水平及基础数据等因素的局限，本报告难免有不当之处，恳请读者指正，以利于我们持续完善这项研究工作。

目录

引言

黄河流域是一个复杂的巨系统，流域内“山水林田湖草沙”等各生态要素紧密联系，相互影响、相互依存，构成了流域生命共同体；流域内不同区域和行业对水的需求多样、诉求各异，防洪、供水、灌溉、发电、航运、生态、环境等多目标相互交织，组成了复杂的利益相关体。黄河流域不仅是重要的自然要素空间单元，也是重要的人类活动空间单元，流域内自然与人文各要素以及上、中、下游和左、右岸各区段之间形成不可分割的有机整体。

因此，无论是黄河流域治理的整体战略、实施方案，还是不同河段的治理方略、工程布局，或是单一工程的具体设计、运行管理，在其全生命周期的各个阶段，都必须以系统思维为统领，进行统筹谋划和系统治理。这充分体现了习近平总书记着眼生态文明建设全局所提出的“节水优先、空间均衡、系统治理、两手发力”十六字治水方针。

事实上，近年来随着科技水平和认识水平的不断提高，我国黄河流域治理能力和水平在不断提升，治理方式正从流域水资源开发利用相对单一目标管理，逐步发展到流域“山水林田湖草沙”综合治理，通过以流域为整体单元进行资源开发、环境整治和社会经济发展的统一规划与综合管理，从而实现对流域生态环境的有效保护，保障流域经济社会的健康可持续发展。

与此相适应，支撑黄河流域治理决策的发展评价工作也要与时俱进，必须按照“前瞻性思考、全局性谋划、战略性布局、整体性推进”的要求，针对黄河“复杂难治”的问题，利用系统科学、信息论等经典理论，构建黄河流域发展指数(Yellow River Basin Development Index，YBDI)，明晰黄河流域生态保护和高质量发展的内涵要义，建立指标体系，选择合适的测算方法对黄河流域发展质量进行测算和评价，从而深入探究黄河河流健康演变规律、生态复苏规律和经济社会发展规律及其相关博弈关系，及时评估《黄河流域生态保护与高质量发展规划纲要》(以下简称《纲要》)实施情况，为科学研判流域未来发展方向提供思路。

黄河流域发展指数既是评价工具，又是引导工具。一方面，通过对黄河流域生命共同体相关数据和指标的深入分析与解读，有助于全面掌握流域发展现状、确定流域发展量化水平；另一方面，通过分析流域河流健康、生态环境、社会经济等各方面要素的权重变化与内在联系，研究提出流域高质量发展的高影响力、高权重指标，提升预测水平，将为有针对性地制定规划措施、推动前期重大工程立项、促进区域高质量发展提供决策依据，对提升流域治理管理能力具有重要意义。

YBDI研究基于黄河流域31年历史数据，充分揭示了黄河流域发展变迁历程，充分展现了黄河从一条善淤善决善徙、洪水灾害频发的忧患之河转变为一条利民之河、安澜之河的伟大历史过程。我们坚信，在全面贯彻党的二十大精神、落实“三新一高”、开启全面建设社会主义现代化国家新征程上，通过开展这次系统的黄河流域发展质量评价工作，将对回顾成就和总结经验、坚定历史自信、指引未来发展产生积极的作用，对进一步提升民众认同感、自豪感及自信心，共同努力奋斗实现“让黄河成为造福人民的幸福河”的伟大目标提供有力支撑。

1 YBDI 内涵要义

1.1 YBDI 提出的背景

自新中国成立以来,黄河流域的保护治理和发展取得了举世瞩目的成就,创造了黄河岁岁安澜的美好局面,生态环境持续明显向好,发展水平不断提升。然而,黄河流域水资源短缺、生态本底差、水土流失严重、资源环境承载能力差、沿黄省份发展不平衡不充分的问题依然存在,保护治理工作的复杂性及协同性和整体性要求凸显。

在此背景下,以习近平同志为核心的党中央将黄河流域生态保护和高质量发展作为事关中华民族伟大复兴的千秋大计,习近平总书记多次发表重要讲话、作出重要指示批示,为工作指明了方向,提供了根本遵循。当前,我国生态文明建设全面推进,"绿水青山就是金山银山"理念深入人心,沿黄人民群众追求青山、碧水、蓝天、净土的愿望更加强烈。与此同时，我国把发展质量摆在更突出位置，着力推动高质量发展，并将其作为全面建设社会主义现代化国家的首要任务，加快国家治理体系和治理能力现代化进程，给黄河流域经济社会发展带来新机遇。

作为包含自然、经济、社会、生态等多方面要素的复杂巨系统，推进黄河流域生态保护和高质量发展，不仅要明晰新阶段生态保护和高质量发展的内在要求，还需要建立科学系统的评价理论和方法，克服就水言水的片面性，坚持问题导向，抓住主要矛盾，兼顾众多因素，探索流域巨系统演变规律，定量描述流域发展水平，评价剖析影响流域发展的关键指标，进而为流域保护治理的政策和举措出台提供决策参考。本研究正是以加强大江大河生态保护和系统治理为指引，从黄河流域系统性、整体性出发，系统提出了以“黄河流域发展指数”(Yellow River Basin Development Index，YBDI)为决策依据的流域发展质量综合评价体系。

1.2 YBDI 定义

YBDI 是基于熵值和耗散结构的综合评价指标，表征了流域发展的有序性和系统的稳定性，YBDI 指标值可用来衡量流域发展质量。YBDI 数值越大，表示流域发展质量越高，越趋于良性循环；数值越小，表示流域发展质量越低，所处状态存在一定的问题，需要加强监管，并采取一定的措施进行治理。

YBDI 的物理意义是通过数学模型分析黄河流域巨系统的有序性、稳定性及演变规律，即通过分析系统是否从无序状态向有序状态演进，在整体上实现向更高级稳定状态的跃迁，从宏观尺度定量评估黄河流域的发展质量。

1.3 YBDI 要义

党的十九大报告强调，要使人民的获得感、幸福感、安全感更加充实、更有保障、更可持续。党的二十大报告更是将其作为新时代十年伟大变革的重大成果。获得感、幸福感、安全感并列提出体现了以人民为中心的发展思想，是在满足人民群众对富裕物质生活追求的同时，顺应了人民对美好生活的向往，注重精神层面诉求，是新时代幸福观的高度升华。

黄河流域人民群众获得感、幸福感、安全感的不断提升，是黄河成为造福人民的幸福河的重要体现。因此，YBDI 评价体系的建立以“民生三感”为内在逻辑和理论依据，其中安全感源自黄河的长治久安，幸福感源自河湖生态环境的持续改善，获得感源自流域高质量发展的显著成效。

1.4　YBDI 的系统架构

钱学森指出,“系统是由许多部分组成的整体,所以系统的概念就是要强调整体,强调整体是由相互关联、相互制约的各个部分所组成的具有特定功能的有机整体”。从系统科学出发,以提升流域居民的获得感、幸福感、安全感为指引,基于流域主要功能,本研究构建黄河流域巨系统及三个子系统,探索流域巨系统演变规律及关键因子,为流域保护治理提供理论依据和技术支撑。

1.4.1　黄河流域巨系统

黄河流域要素众多,关系复杂,既相互联系又相互制约,是一个复杂的巨系统。其功能可以从以下三个方面考虑。

➢ 黄河是一条自然条件复杂、河情极其特殊的河流,水少沙多、水沙关系不协调,上中游地区的干旱风沙、水土流失和下游河道的泥沙淤积、洪水威胁,严重制约着流域及相关地区经济社会的可持续发展。另外,黄河是我国西北、华北地区的重要水源,水资源开发利用关系着国家经济安全、能源安全、粮食安全和西北、华北地区经济社会的可持续发展。

➢ 黄河流域是连接青藏高原、黄土高原、华北平原的生态廊道,拥有三江源、祁连山等多个国家公园和国家重点生态功能区。黄河流经黄土高原水土流失区、五大沙漠(地),沿河两岸分布有多个湿地。黄河流域构成了我国重要的生态屏障,黄河流域生态环境保护关系着流域及相关地区的生态安全。

➢ 黄河流域是我国重要的经济地带,黄淮海平原、汾渭平原、河套灌区是农产品主产区。流域土地资源、矿产资源特别是能源资源十分丰富,在全国占有极其重要的地位,被誉为我国的“能源流域”,是我国重要的能源、化工、原材料和基础工业基地,未来发展潜力巨大。更重要的是,黄河流域是多民族聚集区,由于历史和自然条件原因,黄河流域特别是上中游地区和下游滩区,经济社会发展相对落后。积极开展流域保护与治理,解决好群众关心的防洪、饮水、生态等问题,对于巩固脱贫攻坚成果、维护社会稳定、促进民族团结具有重要意义。

因此,按照流域功能划分,黄河流域巨系统可以分为河流健康子系统、生态环境子系统、社会经济子系统。系统涉及要素众多,关系复杂,子系统间既相互联系又相互制约,YBDI 从宏观尺度统筹考虑黄河流域防洪安全、供水安全、生态保护和民生发展等问题。黄河流域巨系统架构如图 1-1 所示。

1.4.2 子系统体系

本研究从中观尺度,针对黄河流域巨系统下的河流健康子系统、生态环境子系统、社会经济子系统,分别通过河流健康指数(River Health Index, RHI)、生态环境发展指数(Eco-environmental Development Index, EDI)和社会经济发展指数(Socioeconomic Development Index, SDI)进行分析评价(见图1-1)。

➢ 河流健康子系统,是保障人民安全感的基础功能。首先,黄河作为世界上含沙量最高的河流,"水少沙多、水沙关系不协调"一直是黄河治理的主要矛盾。新中国成立以来,黄河治理取得了巨大成就,初步遏制了河道萎缩,水土保持工作成效显著,防洪减灾体系也初步形成,但是洪水风险依然是当前黄河流域发展的最大威胁。水沙关系不协调带来的下游泥沙淤积、河道摆动、地上悬河等问题给防洪安全造成了严重威胁。其次,水资源短缺成为黄河流域的最大矛盾。黄河流域上、中游大部分地区位于干旱、半干旱气候区,多年平均降雨量446毫米,平均水资源总量647亿立方米,不到长江流域的7%,人均水资源量408立方米,低于国际公认的极度缺水线(500立方米),水资源开发利用率高达八成(国际上一般认为,河流水资源开发利用率不宜超过40%)。针对上述特点,构建指标体系时,在一级指标河流健康下设立了水安全、自然禀赋、水文泥沙情势和水灾害治理四个二级指标。

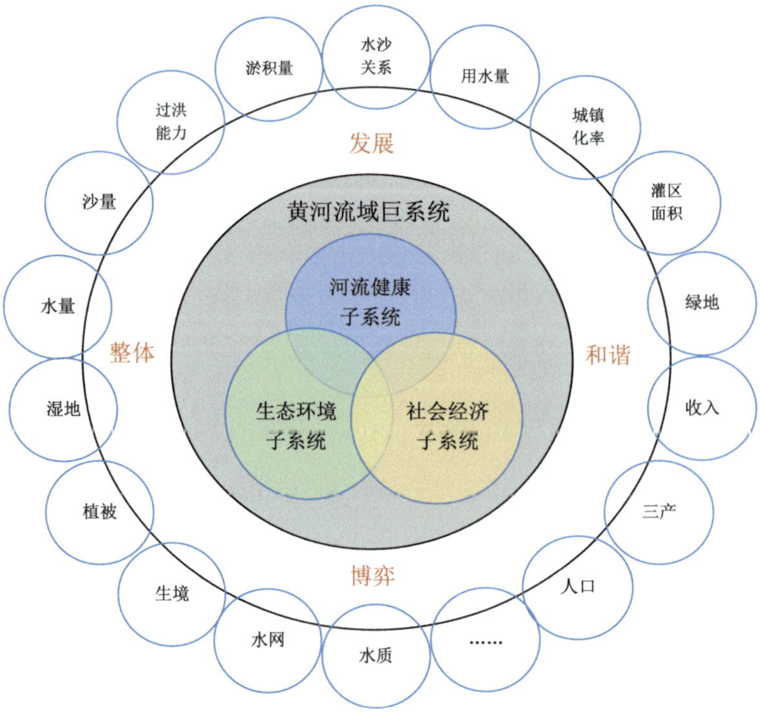

图1-1 黄河流域巨系统架构图

资料来源:课题组根据已有材料整理、绘制,以下同。

➢ 生态环境子系统，是维护人民幸福感的关键因素。黄河流域生态本底差，生态脆弱区分布广泛，上游的高原冰川、三江源、祁连山，中游水土流失主要来源区的黄土高原及下游的黄河三角洲均为易发生退化、恢复难度大的生态脆弱区。此外，黄河流域水质状况在全国流域范围内整体较差，因此选取了森林覆盖率、生境质量指数、重要湿地面积变化率、土地胁迫指数、黄土高原水土流失治理面积、重要断面生态流量保证度和地表水质等作为主要评价指标，设立了生态保护修复和污染治理两个二级指标。

➢ 社会经济子系统，是提升人民获得感的重要保障。黄河流域经济发展不充分，民生福祉发展不足，产业倚能倚重、低质低效，缺乏有较强竞争力的新兴产业，基础建设、医疗卫生设施不足，居民平均收入水平较低。此外，黄河流域文化保护和传承工作没有很好地融入流域的发展，忽视了黄河流域作为中华文化发源地根基深厚的优势。因此，社会经济子系统选取了高质量发展、民生福祉和文化保护传承弘扬三个二级指标。

2 YBDI 评价指标体系及计算方法

2.1 YBDI 评价指标体系

YBDI 评价指标体系构建以《纲要》为基础，以切实增强人民群众获得感、幸福感、安全感为内在逻辑，按照系统性、科学性、引领性、可获取性原则，将指标体系划分为河流健康、生态环境和社会经济三部分（见表 2-1）。

表 2-1 YBDI 评价指标体系

序号	一级指标/目标层	二级指标/准则层	指标	单位
1	河流健康	水安全	典型断面径流量（花园口/头道拐/利津）	亿立方米
2			地表水水资源开发利用率	%
3			农田亩均灌溉用水量	立方米
4			万元 GDP 用水量	立方米
5			城市供水管网漏损率	%
6			地下水开采率	%
7		自然禀赋	气温距平值	℃
8			年降水总量	毫米
9			人均水资源量	立方米

续表

序号	一级指标/目标层	二级指标/准则层	指标	单位
10	河流健康	水文泥沙情势	典型河段主河槽过洪能力（宁蒙河段/黄河下游）	立方米/秒
11			来沙量	亿立方米
12			典型河段总冲淤量（宁蒙河段/黄河下游）	亿立方米
13			来水来沙协调度	—
14		水灾害治理	流域大型水库拦沙量	亿立方米
15			重要河段防洪工程达标率	%
16			流域大型水库总库容系数	—
17			雨水管道总计	千米
18	生态环境	生态保护修复	森林覆盖率	%
19			生境质量指数	—
20			重要湿地面积变化率	%
21			土地胁迫指数	—
22			黄土高原水土流失治理面积	平方千米
23			重要断面生态流量保证程度	—
24			净初级生产力（NPP）	克碳/平方米
25		污染治理	地表水达到或好于Ⅲ类水质断面比例	%
26			地表水劣Ⅴ类水质断面比例	%
27			黄河流域城市空气质量优良天数比率	%
28			城镇污水处理率	%
29	社会经济	高质量发展	粮食产量	亿斤
30			典型省份清洁能源构成（水电、风电及其他发电占比）	%
31			研究与试验发展经费投入强度	%
32			常住人口城镇化率	%
33			万元 GDP 能耗	吨标准煤
34			非农产业产值占 GDP 比重	%
35		文化保护传承弘扬	文化产业增加值占比	%
36			文化产业投资情况	万元
37			黄河流域文物保护单位数量	个
38			接待国内游客	亿人次
39		民生福祉	人均国内生产总值	美元
40			居民人均可支配收入年均增长率	%
41			劳动年龄人口平均受教育年限	年

注：各指标概念、计算方法及划分标准等见“5 附录”。

资料来源：课题组根据已有材料整理、绘制，以下同。

2.2 YBDI 计算公式

2.2.1 计算指标熵值

$$p_{ij}=\frac{f_{ij}}{\sum_{j=1}^{n}f_{ij}} \tag{1}$$

$$S_i=\frac{1}{\ln n}\sum_{j=1}^{n}(p_{ij}\ln p_{ij}) \tag{2}$$

式中，f_{ij} 为 i 指标 j 标准的白化函数值，p_{ij} 为各标准白化函数值在所有值中的比重，n 为指标标准区间的个数，S_i 为 i 指标的熵值。

2.2.2 计算熵权

$$w_i=\frac{1-S_i}{N-\sum_{i=1}^{N}S_i} \tag{3}$$

式中，w_i 为 i 指标的熵权，N 为指标个数。

2.2.3 计算 YBDI

根据耗散结构原理，将系统分为正、负熵指标，利用公式(2)和公式(3)分别计算正熵指标的熵值 e_{A_i} 和熵权 w_{A_i}、负熵指标的熵值 e_{B_i} 和熵权 w_{B_i}，经过加权求和，计算得出每个时间段内此河流系统的总正熵 A 与总负熵 B，计算公式如下：

$$A=\sum_{i=1}^{n_A}w_{A_i}e_{A_i},(i=1,2,\cdots n_A) \tag{4}$$

$$B=\sum_{i=1}^{n_B}w_{B_i}e_{B_i},(i=1,2,\cdots n_B) \tag{5}$$

式中，n_A 和 n_B 分别代表系统正熵指标与负熵指标的个数。

计算稳态转化判别指标：

$$Index_{DS}=|B|-(1+A^2) \tag{6}$$

式中，$Index_{DS}$ 是基于布鲁塞尔模型计算得到的判别指标。考虑易于推广的需要，本研究采用百分制为 YBDI 赋分，计算得分时，将耗散结构指标取值范围线性转换至[0,100]区间，得出 YBDI 数值的转换计算公式如下：

$$YBDI=100\cdot(Index_{DS}+2)/3 \tag{7}$$

当 $Index_{DS}$ 为 0，即系统达到耗散结构阈值时，YBDI 赋分为 66.7 分。

2.3 RHI、EDI、SDI 计算公式

2.3.1 河流健康指数评估

河流健康指数(RHI)为评价河流系统健康状况的指标，其从河流健康发展视角出发，综合分析洪水、泥沙、水资源等相关因素。RHI 涵盖了多个河流健康因子的信息，能够表征流域河流总体健康状况。RHI 计算公式如下：

$$RHI=\left(1-\sum_{i=1}^{m}(S_i\cdot w_i)\right)\cdot 100 \tag{8}$$

式中，m 为河流健康子系统中的指标个数，S_i 为各指标熵值，w_i 为各指标对应的熵权。

2.3.2 生态环境发展指数评估

生态环境发展指数(EDI)是从生态环境保护角度出发，量化环境指标等相关因素，是基于系统理论和熵权分析得到的用于评价流域生态环境发展质量的综合

性指标，用来评价流域生态环境发展演变状况。EDI 计算公式如下：

$$EDI = \left(1 - \sum_{i=1}^{m} (S_i \cdot w_i)\right) \cdot 100 \quad (9)$$

式中，m 为生态环境子系统中的指标个数，S_i 为各指标熵值，w_i 为各指标对应的熵权。

2.3.3 社会经济发展指数评估

社会经济发展指数（SDI）是流域发展指数体系的重要指标。SDI 从社会经济发展角度，量化研究人口特征、居民生活质量、经济增长水平、地区产业结构等相关因素，是基于系统理论和熵权分析得到的用于评价流域社会经济发展的综合性指标，用来评价流域社会发展演变状况。SDI 计算公式如下：

$$SDI = \left(1 - \sum_{i=1}^{m} (S_i \cdot w_i)\right) \cdot 100 \quad (10)$$

式中，m 为社会经济子系统中的指标个数，S_i 为各指标熵值，w_i 为各指标对应的熵权。

2.4 评价范围

本报告评价单元为沿黄九省份，分析时间跨度是 1990—2020 年（每年计算一次）。

2.5 数据来源及处理

详见附录 5.4。

3 YBDI 结果分析

3.1 YBDI 变化趋势与关键指标分析

3.1.1 YBDI 趋势分析

YBDI 数值越大,表明流域系统的发展质量越高。根据 YBDI 演变曲线分析(见图 3-1),1990—2020 年,YBDI 所反映的流域系统发展质量演变大致经历了如下三个阶段:

➢ 1990—1997 年,YBDI 呈现波动上升趋势,分值相对较低。在 1992 年和 1996 年,YBDI 分别出现了明显下降,与流域内发生的较大自然灾害相关:1992 年黄河断流现象加剧,其中利津断面断流 82 天,流域生态质量偏低,经济发展受阻;1996 年 8 月,黄河发生特大洪水("96 · 8"洪水),给沿岸人民带来了重大影响,也严重影响了流域生态和经济发展。另外,1997 年黄河断流长度出现历史最大值(704 千米)。YBDI 虽有改善,但仍处在历史较低水平。

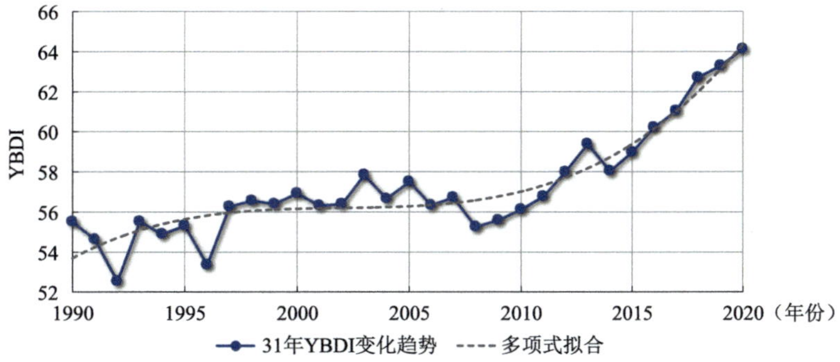

图 3-1 1990—2020 年流域系统 YBDI 变化趋势

➢ 1998—2010 年，YBDI 的演变呈现波动发展趋势，后期略有下降。该阶段流域经济发展水平逐步提高，生态环境的保护和流域承载力的维持也开始得到关注，流域发展各要素间既相互博弈又协同发展，使 YBDI 呈波动趋势。1997 年后，北方防沙带治理及自然保护区建设等生态工程逐渐发挥作用，黄河万家寨和小浪底水利枢纽相继下闸蓄水，黄河水量统一科学调度初见成效，于 2000 年实现黄河全线不断流，并得到了较好的维持。2005 年，国家设立了三江源自然保护区，对黄河源头区域的生态保护起到关键作用，也维持了黄河水源涵养区的水量稳定。2008 年，水沙协调度相对降低，对下游河床形态、生态环境等因素产生一定影响，流域发展质量略有下降。

➢ 2011—2020 年，YBDI 呈现显著向好发展的趋势。受流域科学决策、系统治理和重大工程等叠加效应的积极影响，流域系统总体发展质量较好。随着黄土高原综合治理工程实施，配合下游小浪底等水利枢纽的调水调沙，有效控制黄河中下游河段的来沙量，流域生态持续向好。2012 年，党的十八大胜利召开，生态文明建设上升为党的执政方略，尊重自然、顺应自然、保护自然的理念逐渐融入经济、政治、文化、社会建设的各方面和全过程。这些方针政策极大地促进了黄河流域的生态保护和经济发展，使 YBDI 有较大改善，并在之后的时段内持续产生积极影响。2019 年，黄河流域生态保护和高质量发展重大国家战略提出，全流域各地区积极贯彻落实相关指示精神，进一步促使 YBDI 提升。

3.1.2 子系统对流域系统 YBDI 的响应分析

1990—2020 年，黄河流域的发展状况与流域系统内部的各个子系统有着密不可分的关系，其中受河流健康子系统影响相对较大（见图 3-2）。

YBDI 与三个子系统间的响应关系总

体可以分为三个阶段：

➢ 1990—1996 年，流域整体发展水平相对较低。1992 年，受黄河断流的影响，流域系统与各子系统发展水平均达到最低点；1996 年，黄河“96 · 8”洪水使流域损失严重，生态与经济走势下滑，导致流域整体发展于 1996 年出现了第二次局部低值。另外，1990—1995 年，河流、生态环境子系统与社会经济子系统发展趋势相反，表明流域经济快速发展，但资源的不断高速消耗和对生态环境的人为干扰，让流域整体发展水平承受较大压力。

➢ 1997—2011 年，1997 年黄河发生有史以来最严重的断流，利津站全年断流时间累计长达 226 天，断流河段长度达到 704 千米，YBDI 相对较低。从 1998 年开始，流域治理明显加强，万家寨和小浪底水利枢纽相继下闸蓄水，逐步实现了 2000 年黄河全线不断流，黄河开发保护与管理工作取得了巨大的成就，保障了黄淮海平原的安全，为两岸人民提供了较为稳定的生产生活环境，有力地促进了流域及相关地区经济社会的发展。此外，中国加入 WTO 以及西部大开发、中部崛起等政策的实施为流域经济协调发展创造了有利条件，YBDI 总体平稳发展（保持在 57 上下），并具有一定的波动性。

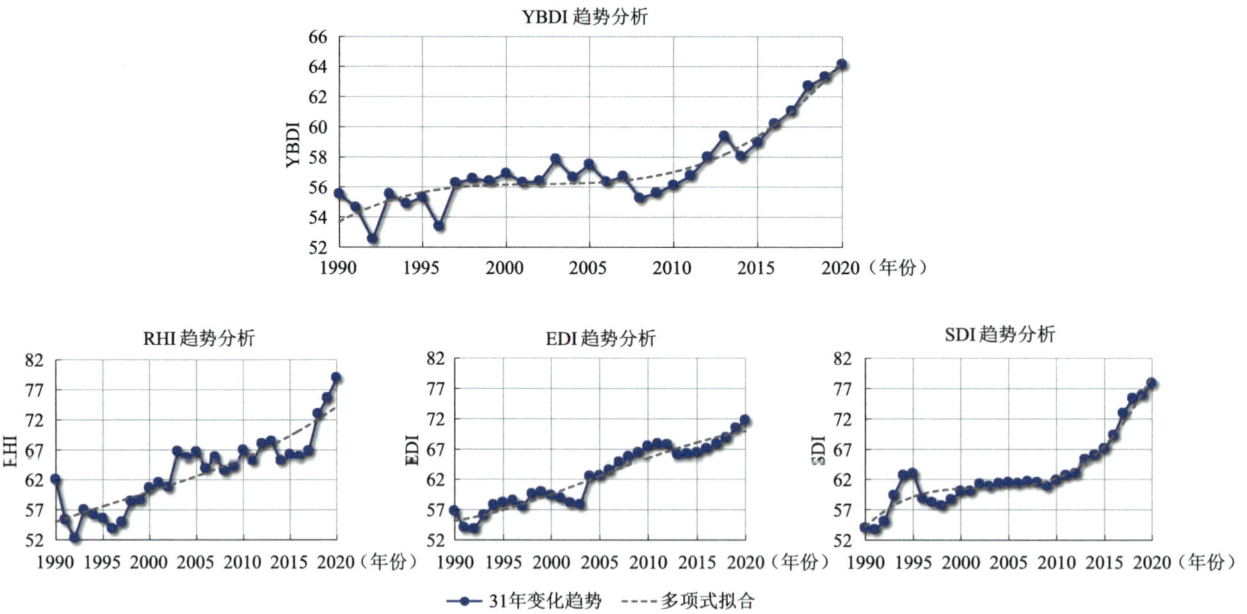

图 3-2　1990—2020 年流域系统与各子系统发展指标变化趋势

➢ 2012—2020 年，党的十八大以来，生态文明建设顶层设计日益完善，黄河流域整体发展水平持续向好。2019 年，黄河流域生态保护和高质量发展上升为重大国家战略，沿黄省份积极贯彻落实相关指示精神，系统性地对黄河流域河流治理、生态文明和经济文化建设进行规划与管理，三个子系统发展指数均快速增长，YBDI也快速增长，在2020年达到历史最高值64.13。

3.1.3 关键指标对YBDI的影响分析

根据指标熵权分析结果，通过最高权重指标的次数和概率值筛选，确定对系统影响较大的关键指标。从表3-1中可以看出，河流健康子系统中的“典型河段总冲淤量（黄河下游）”指标在1990—2020年中有11个年份权重最大，黄河下游河段的泥沙淤积问题是影响系统最重要的因素，水沙关系仍是黄河最大的问题，是制约黄河流域生态保护和高质量发展的关键；随后依次为“生境质量指数”“重要断面生态流量保证程度”和“典型省份清洁能源构成占比”等指标。

总体来看，水沙关系调节、生态保护修复、清洁能源发展等是影响黄河流域生态保护和高质量发展的关键方面。因此，首先应加快推动黑山峡、古贤、碛口等水利工程建设，进一步完善黄河流域水沙调控体系；其次，构建以龙羊峡、刘家峡、黑山峡、碛口、古贤、三门峡、小浪底等水库为骨干，以海勃湾、万家寨水库为支线，以陆浑、故县、河口村、东庄水库为策应的黄河流域防灾减灾调控体系，提升流域防洪、抗旱、水沙调节能力，增加水沙调控后续动力，为黄河长久安澜提供保障；再次，应加快构建现代化水网体系，加快推进南水北调西线、引汉济渭二期等工程建设，缓解黄河流域缺水形势，配合黄河流域防灾减灾调控体系，为流域供水安全、生态安全提供保障；最后，加快推进多能互补新型清洁能源基地建设，增加黄河流域清洁能源构成比例，为流域高质量发展提供保障。

表3-1 1990—2020年流域巨系统关键指标统计结果

指标名称	子系统	准则层	权重最大	
			次数	概率
典型河段总冲淤量（黄河下游）	河流健康	水文泥沙	11	35.48%
生境质量指数	生态环境	生态保护修复	5	16.10%
重要断面生态流量保证程度	生态环境	生态保护修复	5	16.10%
典型省份清洁能源构成占比	社会经济	高质量发展	4	12.90%
居民人均可支配收入年均增长率	社会经济	民生福祉	3	9.70%

YBDI从宏观尺度反映了流域整体演变趋势与发展水平，以下分别从三个子系统及准则层、指标层进行评价分析。

3.2 RHI 变化趋势与指标分析

3.2.1 RHI 趋势分析

黄河流域 1990—2020 年 RHI 均值为 63.31，最大值为 78.95（2020 年），最小值为 52.20（1992 年）。RHI 总体呈增长趋势，表明河流健康子系统持续向好发展，2018 年后进入快速增长阶段（见图 3-3）。

1997 年前，RHI 呈波动变化，均值较低，为 55.84。该时期尚未实施全河水量统一调度，工程调度手段不完善，1997 年黄河发生历史最严重断流，全年断流 226 天，断流长度 704 千米。1998—2017 年，RHI 缓慢上升，均值为 64.41。1999 年水利部黄河水利委员会实施水量统一调度，解决了黄河断流的世界性难题，河流系统平稳向好发展。2000 年，小浪底枢纽正式建成投运，丰富了流域工程调度手段，促进河流系统持续向好发展。2018 年后，RHI 快速增加，均值较高，为 75.83。2019 年，黄河流域生态保护和高质量发展座谈会召开，黄河保护治理进入高质量发展阶段，河流系统快速向好，其改善和提升的步伐仍将持续。

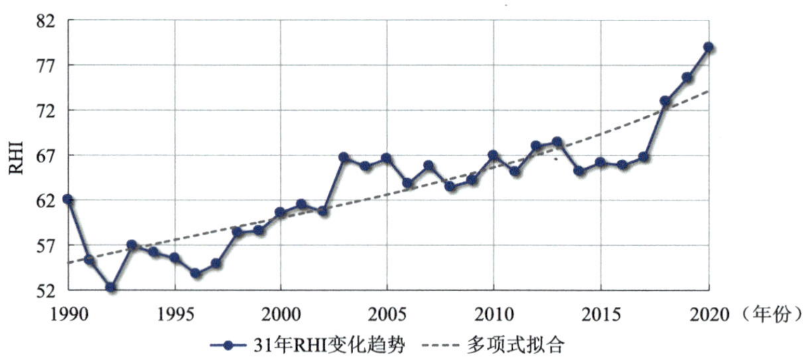

图 3-3 1990—2020 年黄河流域 RHI 数值变化

3.2.2 指标对 RHI 影响分析

河流健康子系统影响黄河流域 RHI 的指标共 21 项，自 1990 年至 2020 年，对指标动态权重进行每 5 年一次的数值统计分析，可得到各时段指标对 RHI 影响的权重值。如图 3-4 所示，各时段的同一指标影响力权重存在动态变化，全指标综合影响力存在结构性差异。

1990 年，典型断面径流量（花园口）、典型断面径流量（头道拐）和典型河段主河槽过洪能力（宁蒙河段）贡献最大。1995 年，年降水总量、典型河段主河槽过洪能力（宁蒙河段）和典型断面径流量（利津）贡献最大。2000 年，典型河段总冲淤量（黄河下游）、城市供水管网漏损率和气温距平值贡献最大。2005 年，来沙量、典型河段总冲淤量(黄河下游)和人均水资源量贡献最大。2010年,来沙量、典型河段总冲淤量(黄河下游)和气温距平值贡献最大。2015年,典型河段总冲淤量(黄河下游)、重要河段防洪工程达标率和农田亩均灌溉用水量贡献最大。2020年,典型断面径流量(花园口)、典型断面径流量(头道拐)和典型断面径流量(利津)贡献最大。

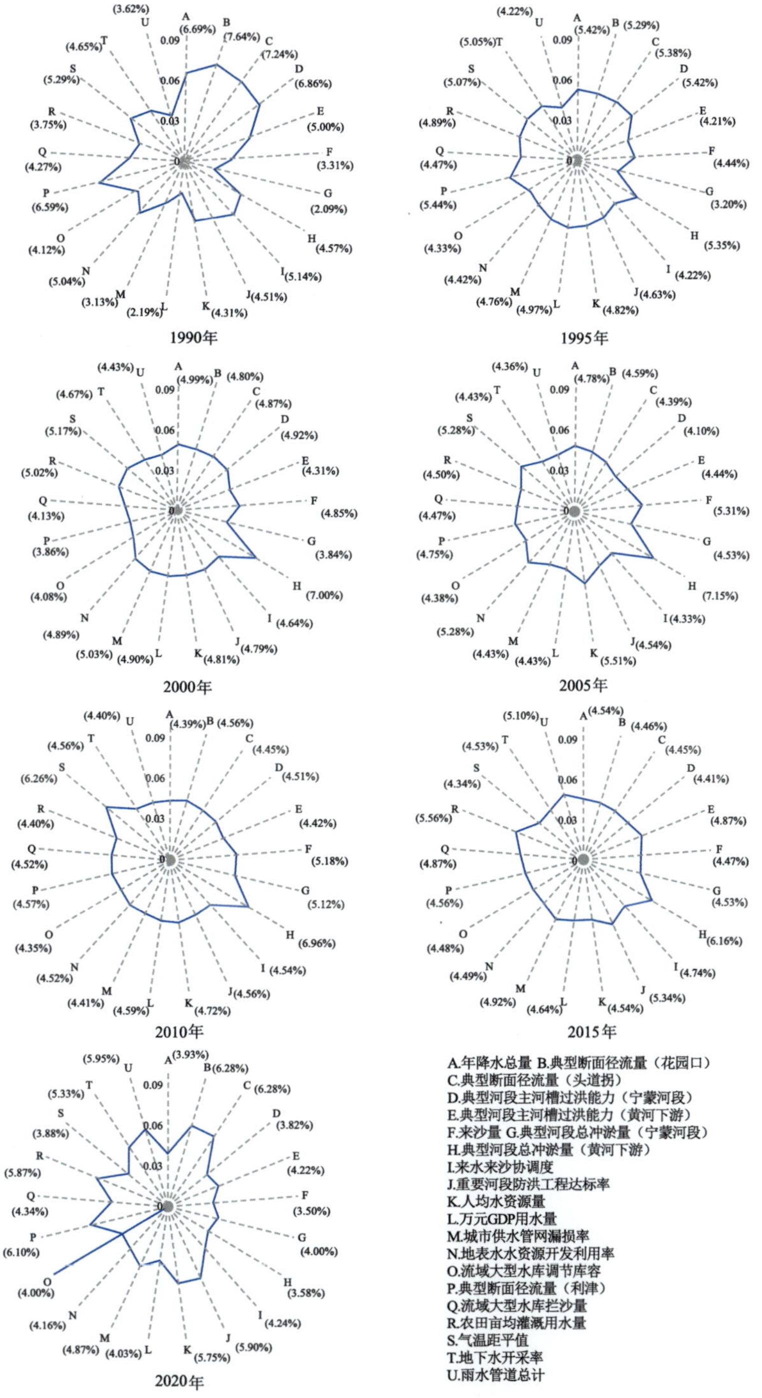

图3-4 1990—2020年指标对流域巨系统RHI影响的权重变化图

3.2.3 关键指标分析

河流健康子系统权重最高的指标为水文泥沙准则层下的典型河段总冲淤量(黄河下游)(51.60%)和典型断面径流量(花园口)(12.90%),为关键指标(见表3-2)。

2000年前,黄河下游河段淤积,河道过流能力较低,径流量相对较小。小浪底水库2002年调水调沙运用以来,下游河段不断冲刷,河道过流能力逐步提高。实施水量统一调度,水资源集约节约利用水平不断提升,花园口断面径流量增加,用水保障程度提高。河流健康子系统实现由不佳到好转、再到不断提升的系统性改善。

表3-2 1990—2020年河流健康子系统权重最大指标出现概率统计结果

指标名称	子系统	准则层	权重最大	
			次数	概率
典型河段总冲淤量(黄河下游)	河流健康	水文泥沙	16	51.60%
典型断面径流量(花园口)	河流健康	水文泥沙	4	12.90%

3.2.4 准则层分析

➢ 水安全

水安全准则层中包含八个指标,不同时段各指标对准则层贡献度结果如图3-5所示。1990年,典型断面径流量(花园口)指标贡献程度最大,万元GDP用水量贡献最小,流域经济发展水平不高。1995年,典型断面径流量(利津)贡献程度最大,地表水水资源开发利用率贡献最小,流域地表水水资源开发利用程度不高。2010年,各指标占比均衡,流域发展处于短暂的"和谐"过程,流域社会经济发展开始转型。2005年,地表水水资源开发利用率贡献最大,流域对水资源的需求加大。2015—2020年,农田亩均灌溉用水量、典型断面径流量(花园口)、典型断面径流量(头道拐)贡献度最大,流域农业节水成效显著,水资源开发利用进入节约集约新阶段。总体分析,典型断面径流量(花园口)、地表水水资源开发利用率和农田亩均灌溉用水量是水安全层的主导性指标。

➢ 自然禀赋

自然禀赋准则层中包含三个指标,不同时段各指标对准则层贡献度结果如图3-6所示。1990—1995年,年降水总量指标贡献度最大、最敏感;人均水资源量贡献较低,人均可用水量一直较少。2005年,人均水资源量贡献度最大,人均可用水量有所增加;年降水总量贡献最小,影响较小。2010—2015年,在水利部黄河水利委员会统一管理下,各省份水资源节约集约利用水平逐步提高,各指标占比均衡。2020年,受来水量增大影响,人均水资源量与可用水量贡献度增加。黄河流域在水资源节约集约利用、流域水资源统一调度、流域高质量发展等方面卓有成效,用水保障程度稳步提升,民生福祉逐步加强,黄河正在向“幸福河”平稳迈进。

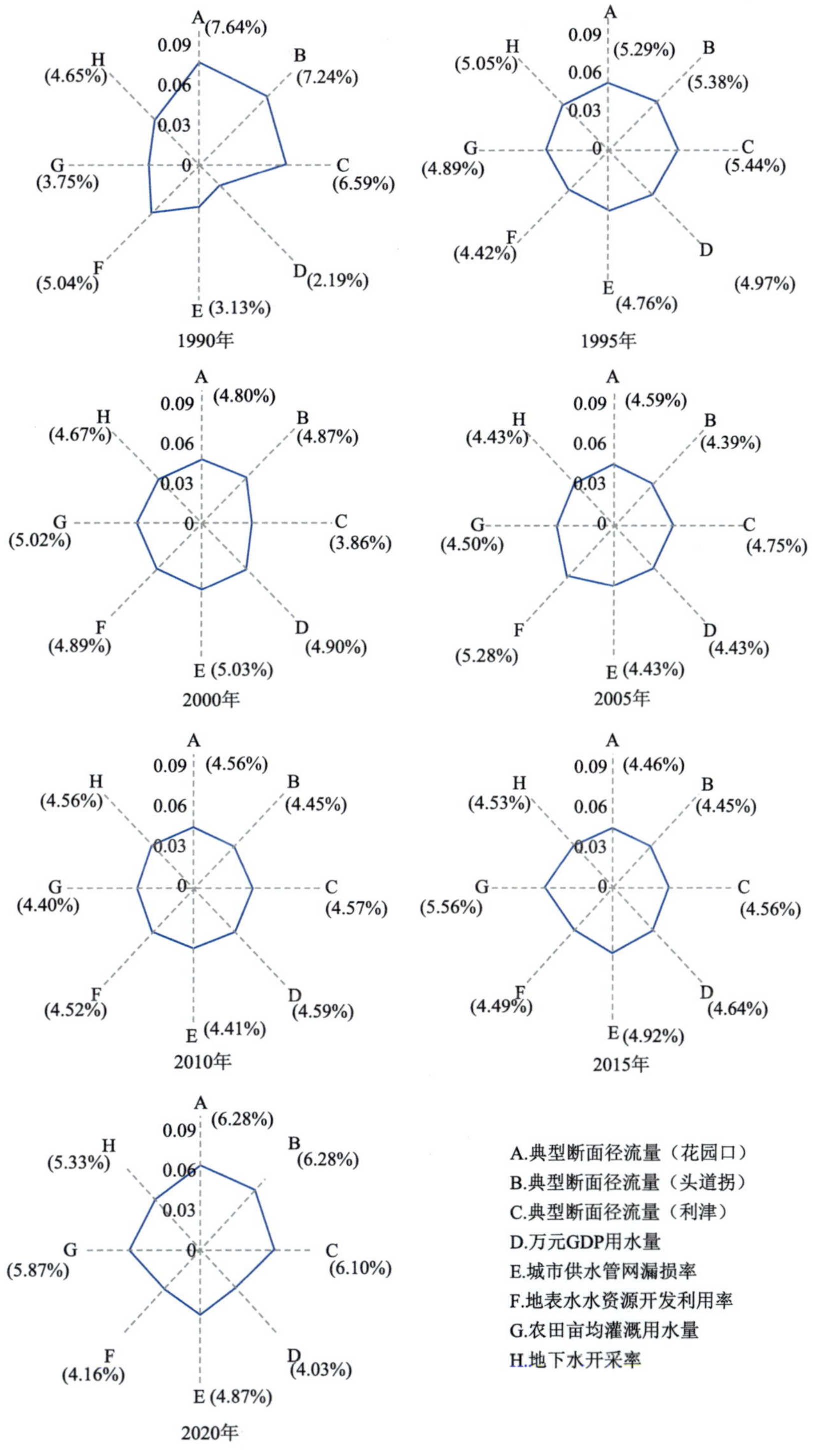

图3-5 1990—2020年指标层对流域巨系统水安全影响的权重变化图

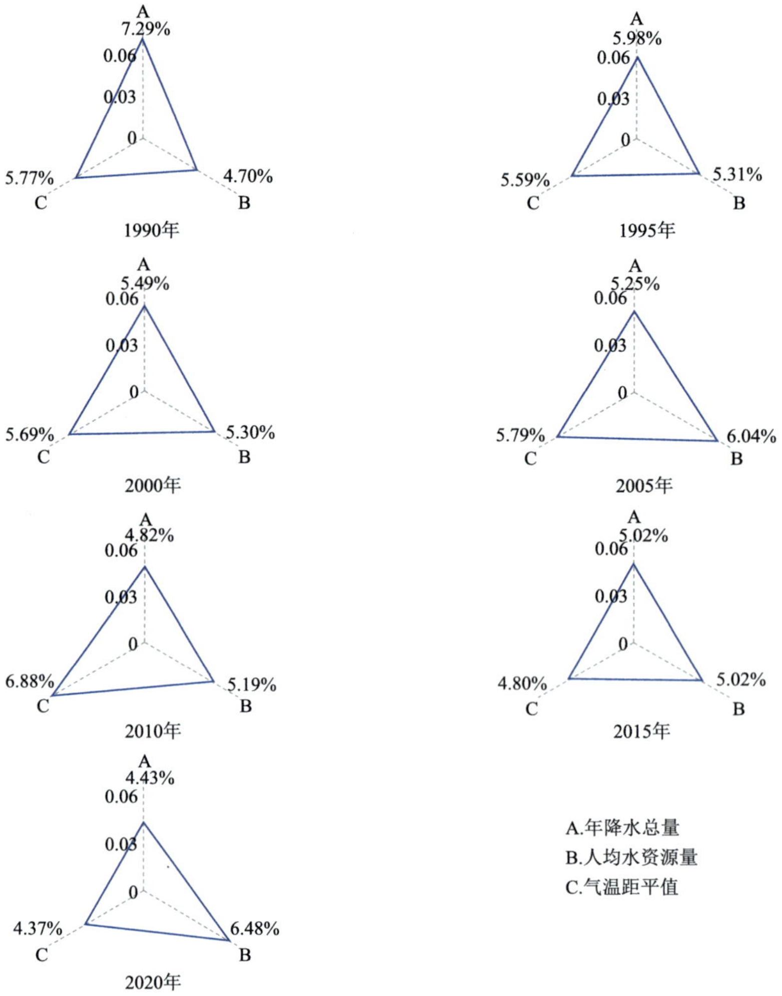

图 3-6　1990—2020 年指标层对流域巨系统自然禀赋影响的权重变化图

➢ 水文泥沙

水文泥沙准则层中包含六个指标，不同时段各指标对准则层贡献度结果如图 3-7 所示。1990 年，典型河段主河槽过洪能力（宁蒙河段）贡献度最大、最敏感；来沙量贡献偏小，流域来沙量较大。1995 年，典型河段主河槽过洪能力（宁蒙河段）贡献度最大，黄河上游主河槽过洪能力较大，防洪形势偏安全；典型河段主河槽过洪能力（黄河下游）贡献度较小，小浪底水库调水调沙运用前，黄河下游主河槽过洪能力偏小。2000 年，典型河段总冲淤量（黄河下游）贡献度最大，黄河下游河段总体冲刷，对下游防洪保安较为有利；典型河段主河槽过洪能力（黄河下游）贡献度偏小，黄河下游主河槽过洪能力偏小。2005 年，典型河段总冲淤量（黄河下游）贡献度最大，小浪底水库 2002 年调水调沙以来，黄河下游河段总体冲刷，对下游防洪保安较为有利；典型河段主河

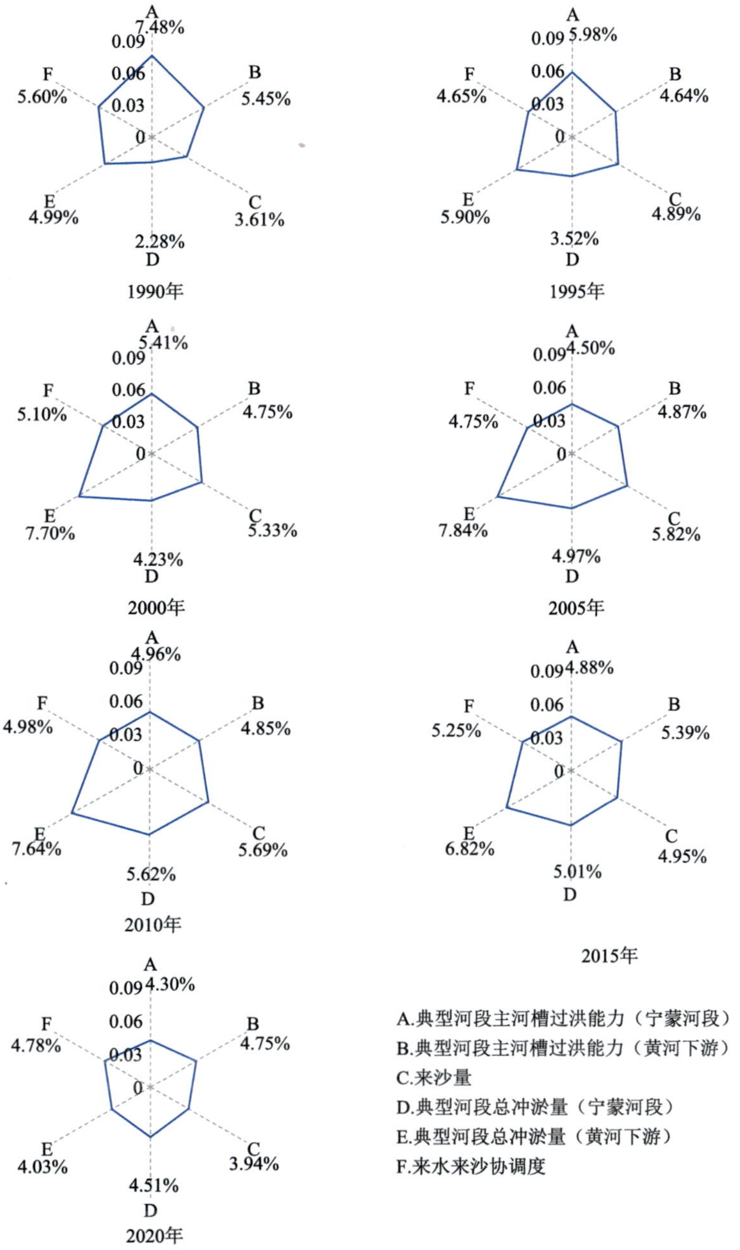

图 3-7　1990—2020 年指标层对流域巨系统水文泥沙影响的权重变化图

槽过洪能力(宁蒙河段)贡献度较小,宁蒙河段主河槽过洪能力较低。2010—2015 年,典型河段总冲淤量(黄河下游)贡献度最大,小浪底水库调水调沙以来,黄河下游河段总体冲刷,对下游防洪保安较为有利。2020 年,典型河段主河槽过洪能力(黄河下游)贡献度最大,小浪底水库调水调沙运用以来,下游河道行洪能力持续增强,黄河下游防洪形势较好。

➢ 水灾害治理准则层

不同时段各指标对准则层贡献度结果如图 3-8 所示。1990 年,流域水灾害治理处于初期平衡状态，各指标贡献程度占比相当。1995—2010 年，各指标逐渐向好，各指标贡献度占比基本稳定，且相差不大，随着大型水库和防洪工程的不断建设完善，流域水灾害治理水平显著提高，且平稳向好发展。2020 年，流域大型水库调节库容、流域大型水库拦沙量达到最优，重要河段防洪工程达标率也达到最高的 97%，流域水灾害治理达到较高水平。其中，雨水管道总计与重要河段防洪工程达标率贡献度最大，也最为关键。

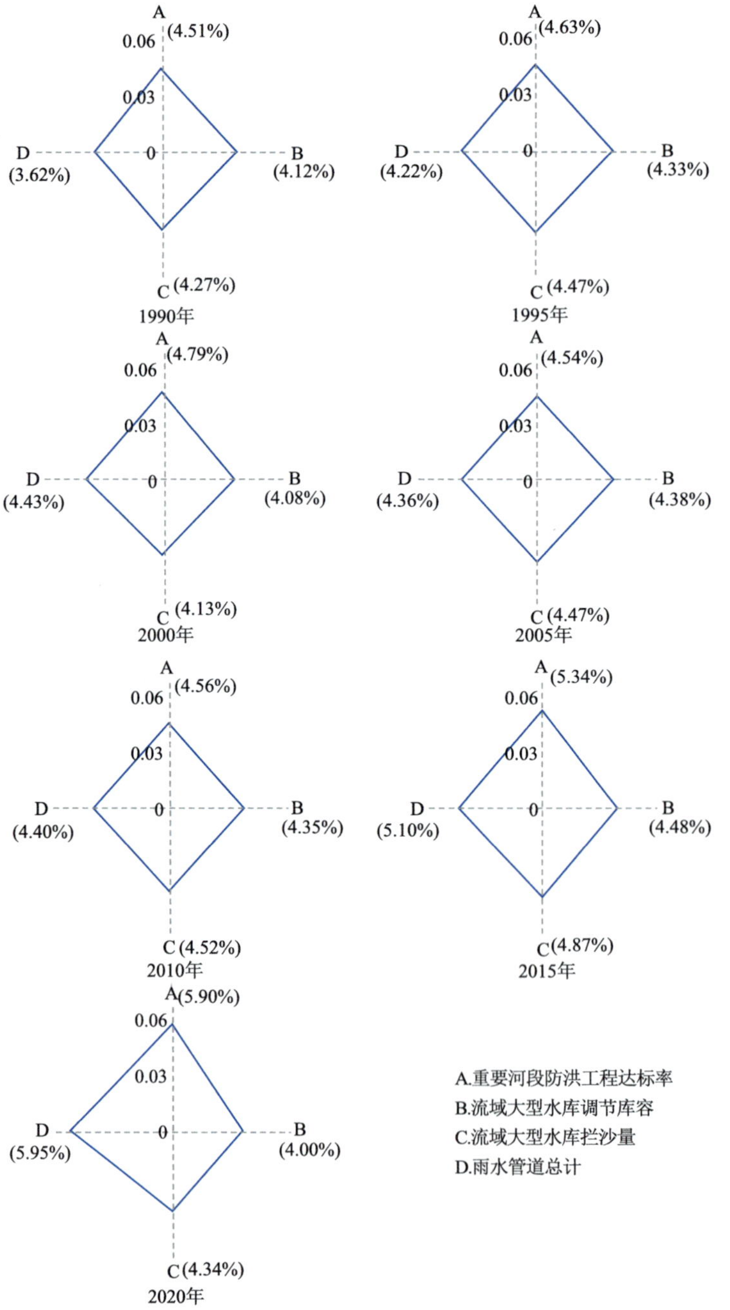

图 3-8　1990—2020 年指标层对流域巨系统水灾害治理影响的权重变化图

3.3 EDI 变化趋势与指标分析

3.3.1 EDI 趋势分析

如图3-9所示,黄河流域1990—2020年EDI均值为62.54,最大值为71.72(2020年),最小值为53.79(1992年)。EDI总体增长,黄河流域生态环境子系统持续向好。2004年之前EDI总体上升但波动明显,年际变化率比较接近,2004年之后EDI快速稳定增长。

1990—2003年EDI均值和增速均低于2004—2020年。自20世纪60年代,黄河流域众多生态环境治理的顶层设计和重大工程相继实施,如黄土高原水土流失治理工程、“三北”防护林工程等,促进了流域局部或单一类型生态系统的改善,但流域治理的系统性还不尽完善。此外,生态环境保护非一日之功,是一个长期持续的过程,存在一定的治理后效性。

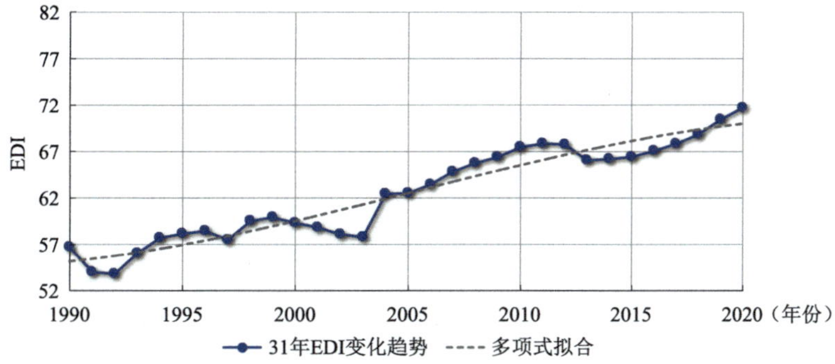

图3-9 1990—2020年黄河流域EDI变化趋势

2004—2020年EDI增长步入快速稳定期。1999年,按照国务院授权,水利部黄河水利委员会对黄河水量实施统一调度,提高了流域水资源利用效率,解决了黄河断流的世界性难题,维护了黄河健康生命。

2002年后,一系列生态环境保护的重大政策和创新机制不断涌现,退耕还林工程、天然林保护工程、小浪底水利枢纽工程等具有重大深远生态保护影响的工程得以实施,1992年、1995年、2005年相继建立的黄河三角洲、乌梁素海和三江源自然保护区开始逐步显现保护成效,加之考虑更早时期的其他生态建设工程的后效性,多因素综合推动了黄河流域生态环境质量的整体改善。

EDI在2013—2020年持续增加。2012年,党的十八大首次把生态文明建设摆到中国特色社会主义事业“五位一体”总体布局的战略位置,将美丽中国作为生态文明建设的宏伟目标。2019年,黄河流域生态保护和高质量发展上升为国家战略，流域生态环境保护和治理的步伐整体加速。

3.3.2 指标对 EDI 影响分析

EDI 共包括生态保护修复和污染治理 2 个二级指标、11 个三级指标。对生态环境子系统指标动态权重进行每 5 年一次的数值统计分析，得到各时段指标对 EDI 影响的权重值。从图 3-10 可知，单一指标影响力权重存在动态变化。

1990—2020 年，指标权重较大的是重要断面生态流量保证程度和生境质量指数。其中，1990—1994 年，重要湿地面积变化率和劣Ⅴ类水质断面比例对 EDI 影响权重显著低于其他指标。1995—1999 年，除劣Ⅴ类水质断面比例较低外，其他各项指标权重基本接近。2000—2004 年，地表水达到或好于Ⅲ类水质断面比例和重要湿地面积变化率对 EDI 影响权重较低。2005—2009 年，重要断面生态流量保证率权重显著高于重要湿地面积变化率。2010—2014 年，各项指标权重差异不显著。2015—2019 年，黄土高原水土流失治理面积权重首次高于 10%，位列 EDI 影响权重第二。2020 年，水利部印发《关于做好河湖生态流量确定和保障工作的指导意见》，加速了水生态损害突出问题的解决，促进河湖生态环境不断改善，使得断面生态流量保证率等指标权重有了较为明显的改观。

3.3.3 关键指标分析

1990—2020 年生态环境子系统的关键指标是重要断面（兰州/花园口/利津）生态流量保证程度和生境质量指数（见表 3-3）。

1990—1994 年黄河干流利津断面生态流量保证率仅 80%，1995—1999 年下降到不足 55%。随着黄河水量统一调度和小浪底调水调沙实施，2004 年至今，黄河干流三个重要断面生态流量保证率几乎全部达到 100%。该指标的变化趋势直接体现了黄河健康生命的复苏和系统性改善。

生境质量指数反映了流域生态系统格局与质量的总体状态。1990—2020 年黄河流域生境质量指数总体稳定，存在较小幅度的波动，年际变化率不足 0.1%，说明随着经济社会的不断发展，特别是在城镇化、工业化、农业发展与自然生态保护激烈博弈的背景下，流域生境质量总体保持了稳定，重要野生动植物栖息地和高质量自然生态系统类型如森林、湿地、草原等得到了有效保护和修复。

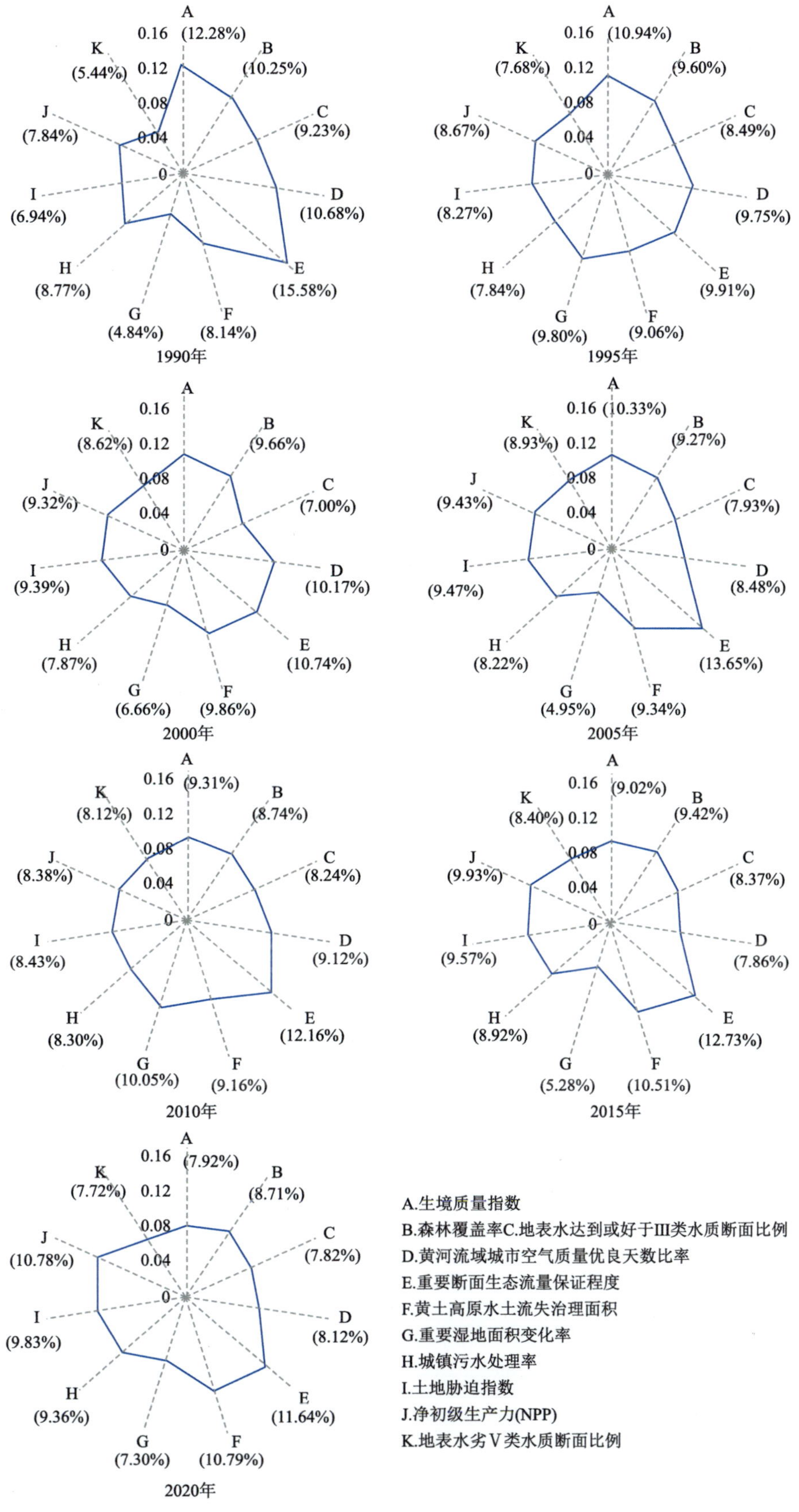

图 3-10　1990—2020 年指标对流域巨系统 EDI 影响的权重变化图

表 3-3　1990—2020 年生态环境子系统权重最大指标出现概率部分统计结果

指标名称	子系统	准则层	权重最大	
			次数	概率
重要断面生态流量保证程度	生态环境	生态保护修复	19	61.30%
生境质量指数	生态环境	生态保护修复	12	38.70%

3.3.4　准则层分析

➢ 生态保护修复

黄河流域生态保护修复准则层指标有 7 项，从生态系统格局、质量和胁迫等多角度分析了相关指标的权重及对准则层的影响（见图 3-11）。

黄河流域上中游多为干旱—半干旱区，生态环境敏感脆弱，加之水资源开发强度大，使重要断面生态流量保证程度在各时段均为权重最大的指标。

生境质量指数的各时段权重呈小幅下降趋势，这可能与流域重要生态系统格局变化及转移有关。1990 年至今，我国快速城镇化进程确实对自然生态系统造成了一定的负面影响，但是由于系统内多要素共同作用，流域生态保护修复如自然保护区建设、退耕还林和水土流失治理，作为重要的负熵因素一定程度上抵消了系统正熵。

黄土高原水土流失治理面积的各时段权重呈小幅增加趋势，说明淤地坝建设、坡耕地治理、水平梯田、封山育林等水保措施对准则层影响正在逐步加大，近年来的权重增加也与水土流失治理的后效性密切相关。

➢ 污染治理

黄河流域污染治理准则层指标有 4 项，主要从水环境和大气环境角度分析了相关指标的权重及对准则层的影响（见图 3-12）。

地表水达到或好于Ⅲ类水质断面比例，劣Ⅴ类水质断面比例和城镇污水处理率对准则层的权重影响相当。城市空气质量优良天数比率对准则层的权重影响呈小幅下降趋势。大气污染治理成效更直接，治理效果一般在当年即可显现，但水污染治理存在相对长期性和复杂性，相关指标对准则层和系统的影响更具不确定性。

3.4　SDI 变化趋势与指标分析

3.4.1　SDI 趋势分析

1990—2020 年黄河流域 SDI 变化趋势结果如图 3-13 所示。黄河流域 1990—2020 年 SDI 总体呈现增长趋势，表明黄河流域社会经济子系统持续向好发展。SDI 均值为 62.83，最大值为 77.84（2020 年），最小值为 53.69（1991 年）。1998 年以前，SDI 呈现波动变化，1990—1994年SDI快

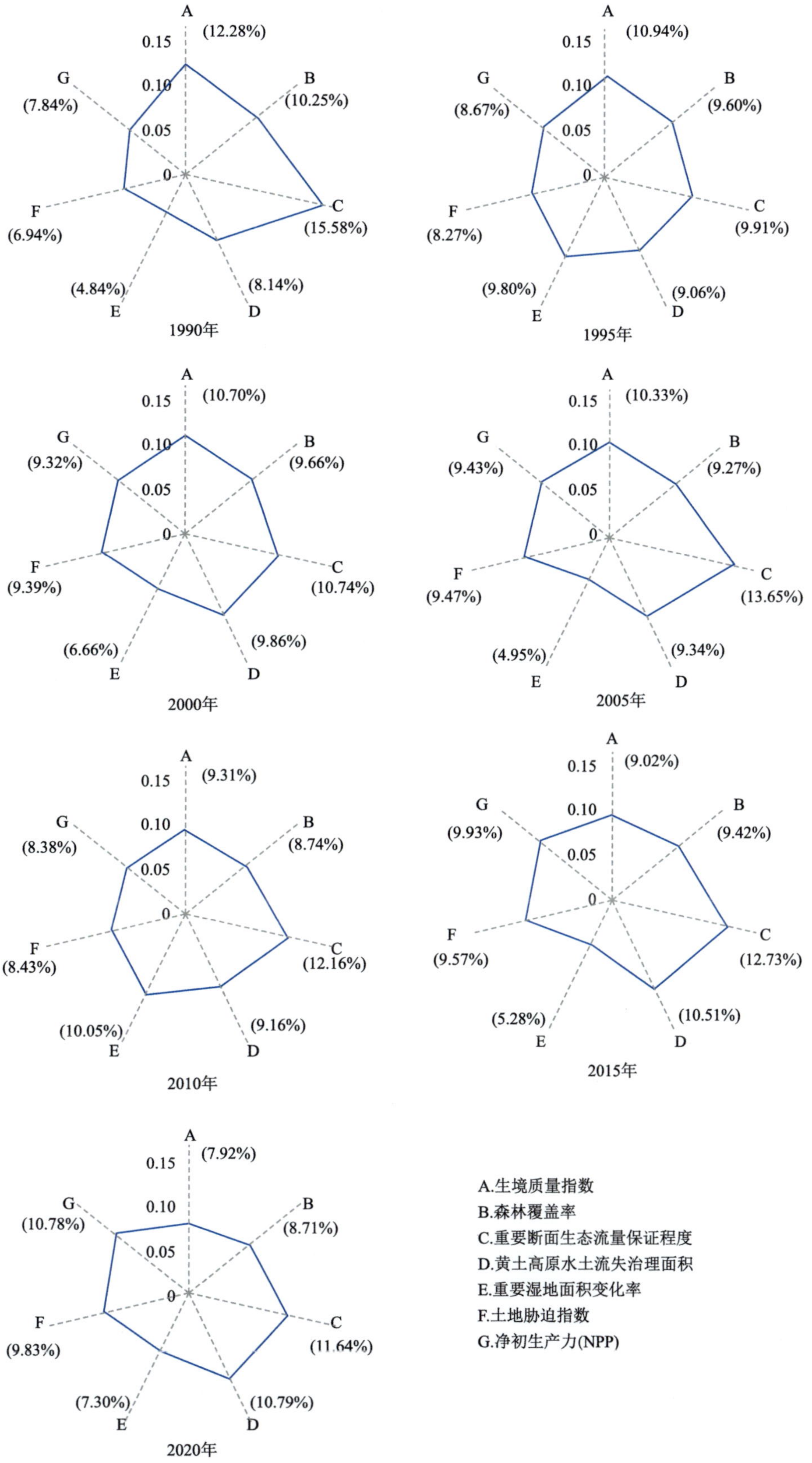

图 3-11 1990—2020 年指标层对流域巨系统生态保护修复影响的权重变化图

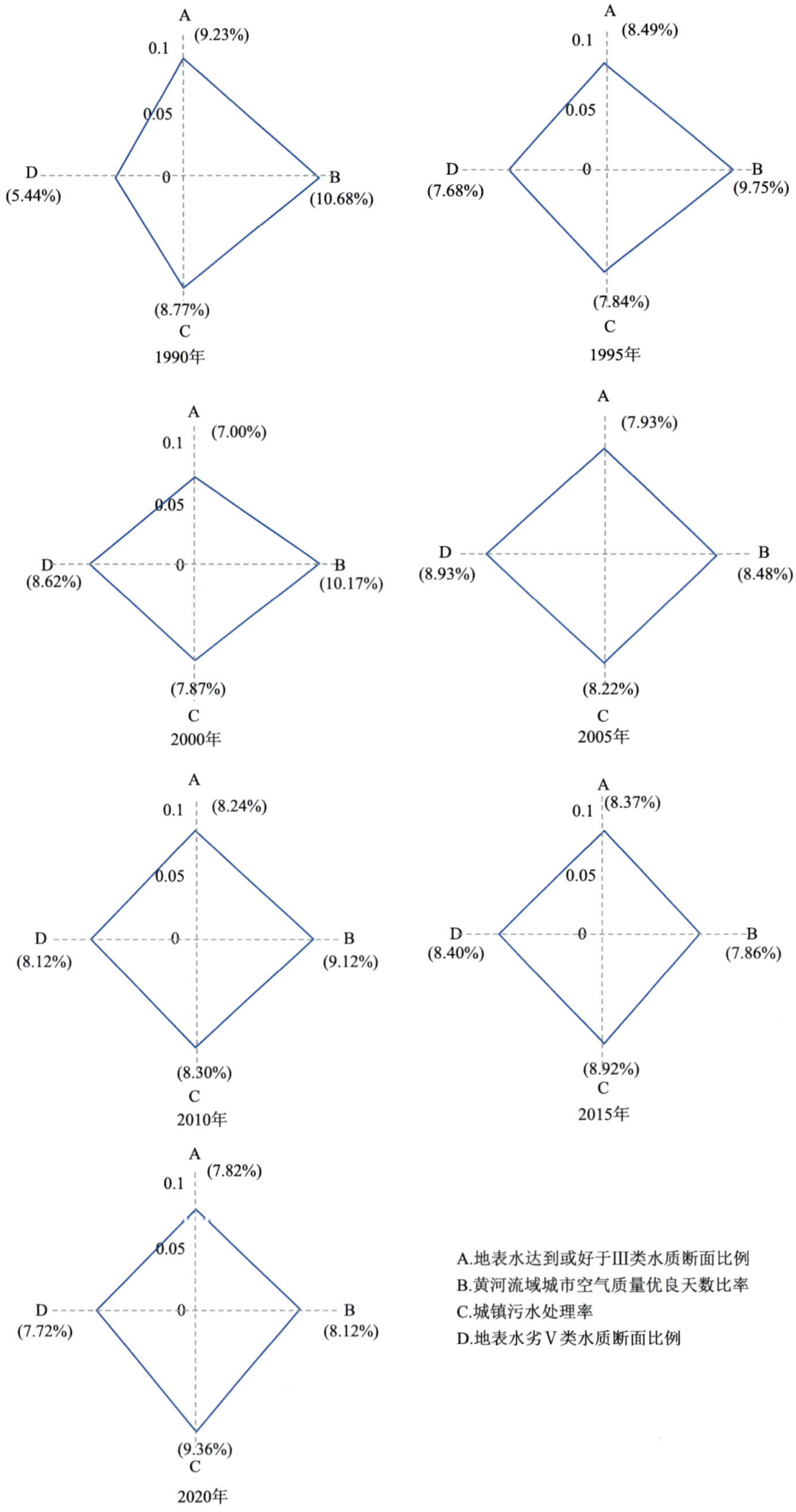

图 3-12　1990—2020 年指标层对流域巨系统污染治理影响的权重变化图

速增加，在1994年和1995年达到最大值，随后下降，在1998年下降至最低值。1998—2009年，SDI呈现缓慢增加态势，2009年之后SDI进入快速增长阶段。

3.4.2 指标对SDI影响分析

SDI包括高质量发展、民生福祉和文化保护传承弘扬3个二级指标、13个三级指标。社会经济子系统中不同指标对SDI的贡献情况如图3-14所示。1990—2020年，各指标对SDI影响的权重值差异先减小后增加，在2005年达到最低，即2005年各指标对SDI的贡献最为平均；2020年指标贡献差异最大，其次为1990年。

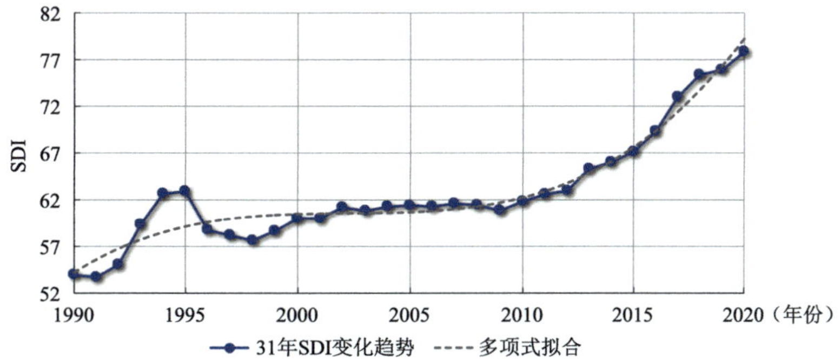

图3-13 1990—2020年黄河流域SDI变化趋势

1990年，常住人口城镇化率、接待国内游客对SDI的贡献率大于9.5%，是影响子系统变化最敏感的指标。万元GDP能耗和粮食产量对系统影响的贡献率不足5%，影响较小，这与流域工业、农业发展不充分有关。1995年，居民人均可支配收入年均增长率为最敏感的指标，对子系统变化的贡献率高达12.52%。2000—2010年，各指标对子系统的影响相对平均。2015年，常住人口城镇化率和接待国内游客的贡献率有明显下降。2020年，随着生态环境保护要求的进一步提高，清洁能源的开发和利用使典型省份清洁能源构成占比的贡献率较往年大幅增加，成为2020年对SDI影响最大的指标；文化产业投资情况也是敏感指标，对子系统的贡献率高于10%。此外，受新冠疫情对旅游业的影响，接待国内游客减少，因此该指标对SDI的影响显著下降。

各时段指标权重结构性差异表现为以下特征：人均国内生产总值、文化产业投资情况、劳动年龄人口平均受教育年限等指标权重影响力较为稳定；万元GDP能耗、接待国内游客、粮食产量、居民人均可支配收入年均增长率等指标在各时段权重影响力排名差异较大。

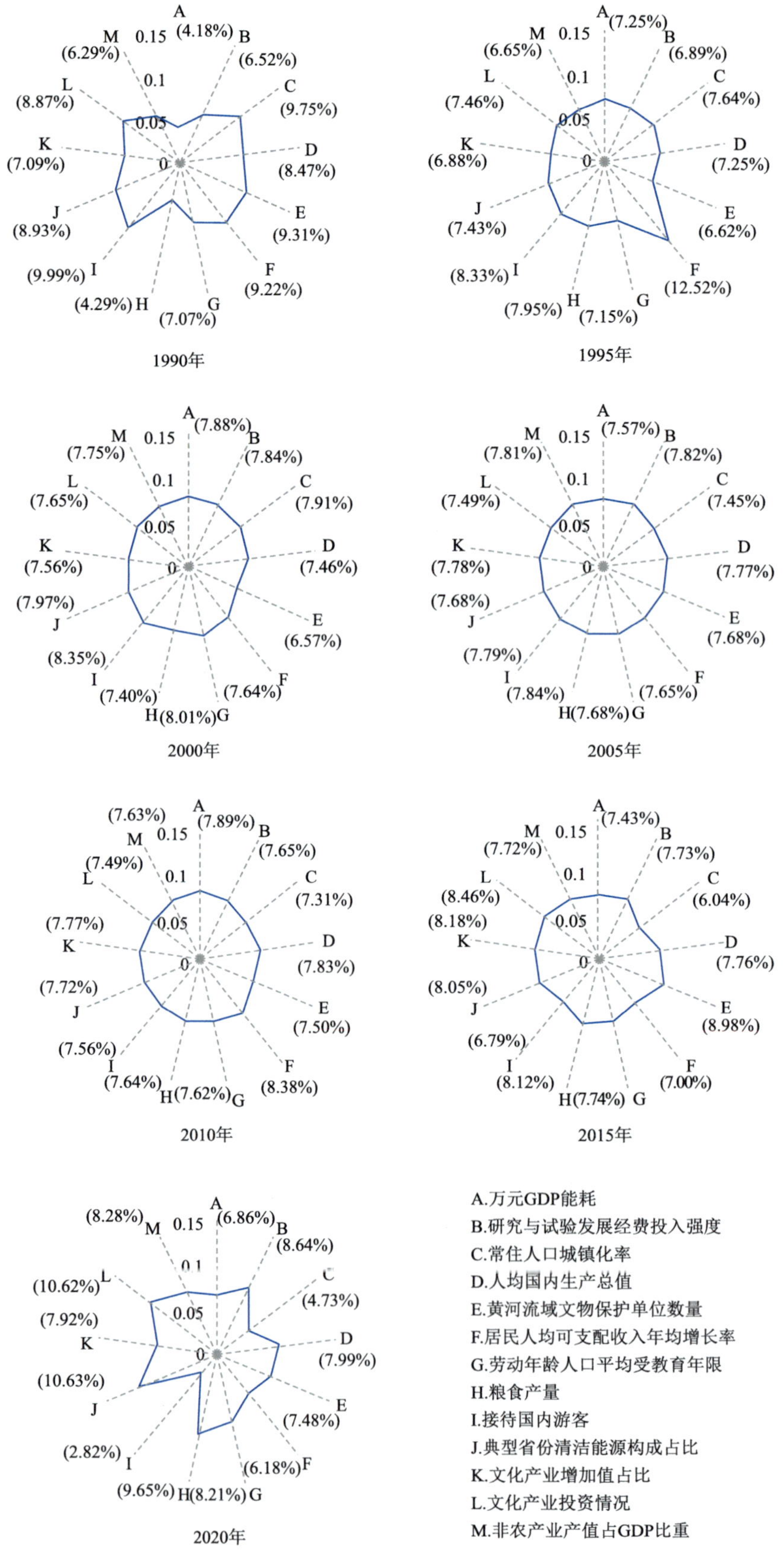

图 3-14　1990—2020 年指标对流域巨系统 SDI 影响的权重变化图

3.4.3 关键指标分析

社会经济子系统中高权重指标分析结果如表 3-4 所示。出现频率排名前三的指标分别为接待国内游客(32.30%),居民人均可支配收入年均增长率(25.80%)和典型省份清洁能源构成占比(12.90%),分别来自子系统下文化保护传承弘扬、民生福祉和高质量发展三个准则层,表明在社会经济发展的过程中,必须统筹兼顾经济、文化、民生和高质量发展等多个方面。例如接待国内游客指标,它是一个综合反映区域经济活跃程度的指标,一般情况下当地经济发展水平越高、越活跃,出行游客数量相对也会越高。

表 3-4 1990—2020 年社会经济子系统权重最大指标出现概率部分统计结果

指标名称	子系统	准则层	权重最大	
			次数	概率
接待国内游客	社会经济	文化保护传承弘扬	10	32.30%
居民人均可支配收入年均增长率	社会经济	民生福祉	8	25.80%
典型省份清洁能源构成占比	社会经济	高质量发展	4	12.90%

未来在实现"碳达峰、碳中和"的进程中,可通过加强清洁能源基地的建设和优化管理,提高典型省份清洁能源构成占比,从而促进高质量发展;可通过深入推进乡村振兴、"一带一路"建设等,稳步提高居民人均可支配收入,提升民生福祉;还要进一步加强文化保护传承和弘扬,多措并举系统推动 SDI 稳步增长。

3.4.4 准则层分析

➢ 高质量发展

高质量发展准则层中包含六个指标,不同时段各指标对准则层贡献度结果如图 3-15 所示。1990 年,粮食产量对准则层影响最小;2009 年,原国土资源部提出"保经济增长、保耕地红线"行动,推动黄河流域粮食产量稳定增加,使得粮食产量对准则层的贡献程度逐渐增加;在 2020 年达到最大。随着经济的快速发展,且经济发展由粗放型向集约节约型转变,万元 GDP 能耗对准则层的贡献程度表现为先增加后逐渐下降。2016 年中国签署《巴黎气候变化协定》,清洁能源受到更多重视;与此同时,"十三五"期间国内开始实施更为严格的能耗双控制度,对产业结构和能源结构优化形成有效倒逼。2020 年,典型省份清洁能源构成贡献度较 2015 年及之前大幅增加,成为影响准则层的最关键指标。2000—2015 年,除 2015 年常住人口城镇化率贡献率略低之外,各指标对准则层的影响相对均衡,且年际变化微弱。2020 年,常住人口城镇化率对准则层的贡献率明显下降。

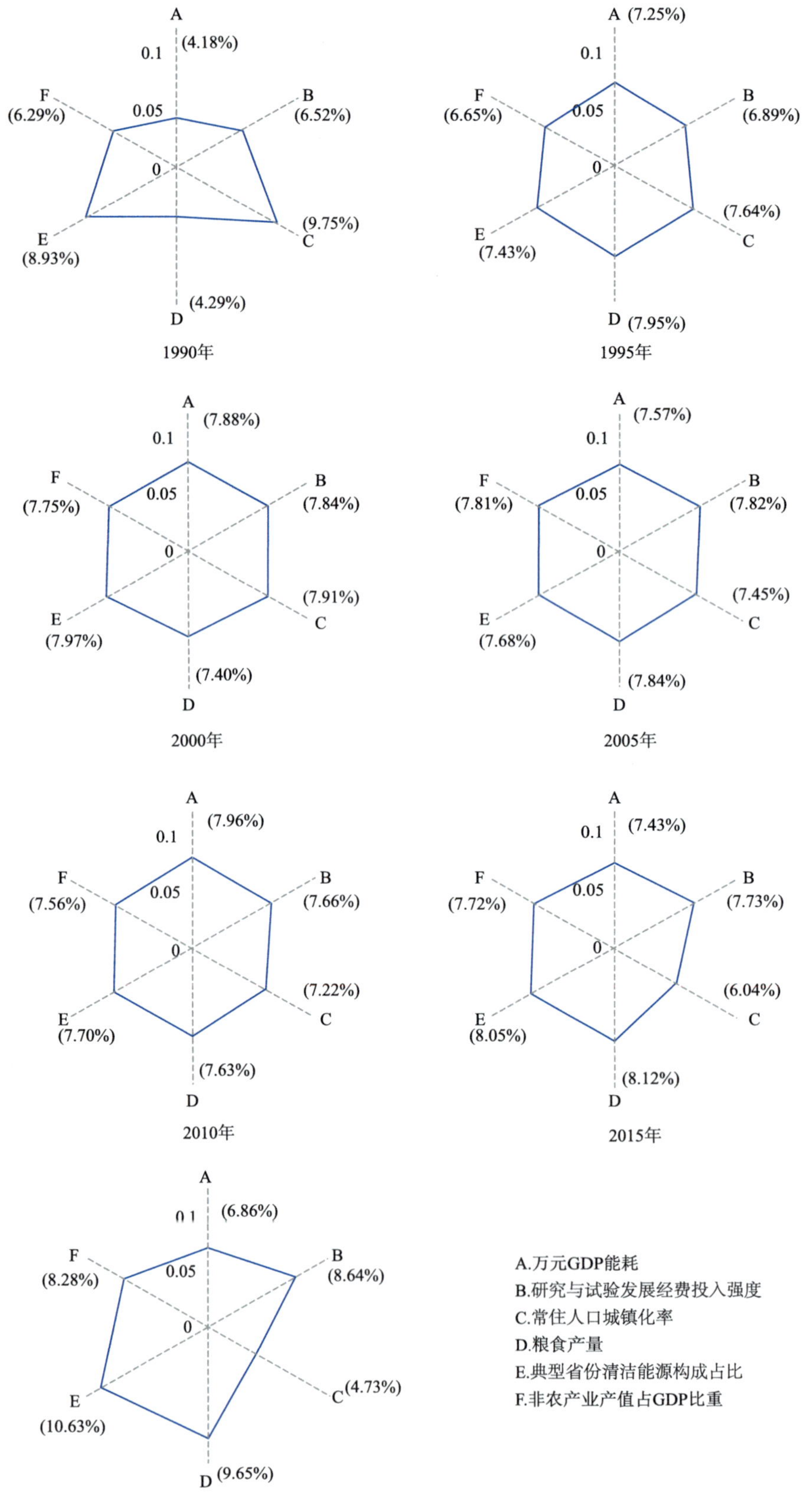

图 3-15　1990—2020 年指标层对流域巨系统高质量发展影响的权重变化图

➢ 文化保护传承弘扬

文化保护传承弘扬准则层中包含四个指标，不同时段各指标对准则层贡献度结果如图3-16所示。整体来看，各指标对准则层的贡献度差异呈现先减小后增加的趋势，2010年达到最低。1990年，接待国内游客的贡献度最高，文化产业增加值占比的贡献度最低。随着一系列文化产业振兴相关政策发布，2000年以后，文化产业增加值占比和文化产业投资对准则层的影响有所增加，其中文化产业投资增加明显，在2020年成为对准则层影响最大的指标。黄河流域文物保护单位数量对准则层的影响随时间变化的波动较小。

➢ 民生福祉

民生福祉准则层中包含三个指标，不同时段各指标对准则层贡献度结果如图3-17所示。三个指标对该准则层的贡献率较为平均。1990—2020年，人均国内生产总值贡献率年际变化很小，表明人均国内生产总值持续稳定增长。2000年以前，居民人均可支配收入年均增长率对准则层的影响较大，在1995年达到最高。1995年，《关于加速科学技术进步的决定》发布，确定实施科教兴国战略；2000年以后，劳动年龄人口平均受教育年限对准则层的贡献率略有增加。

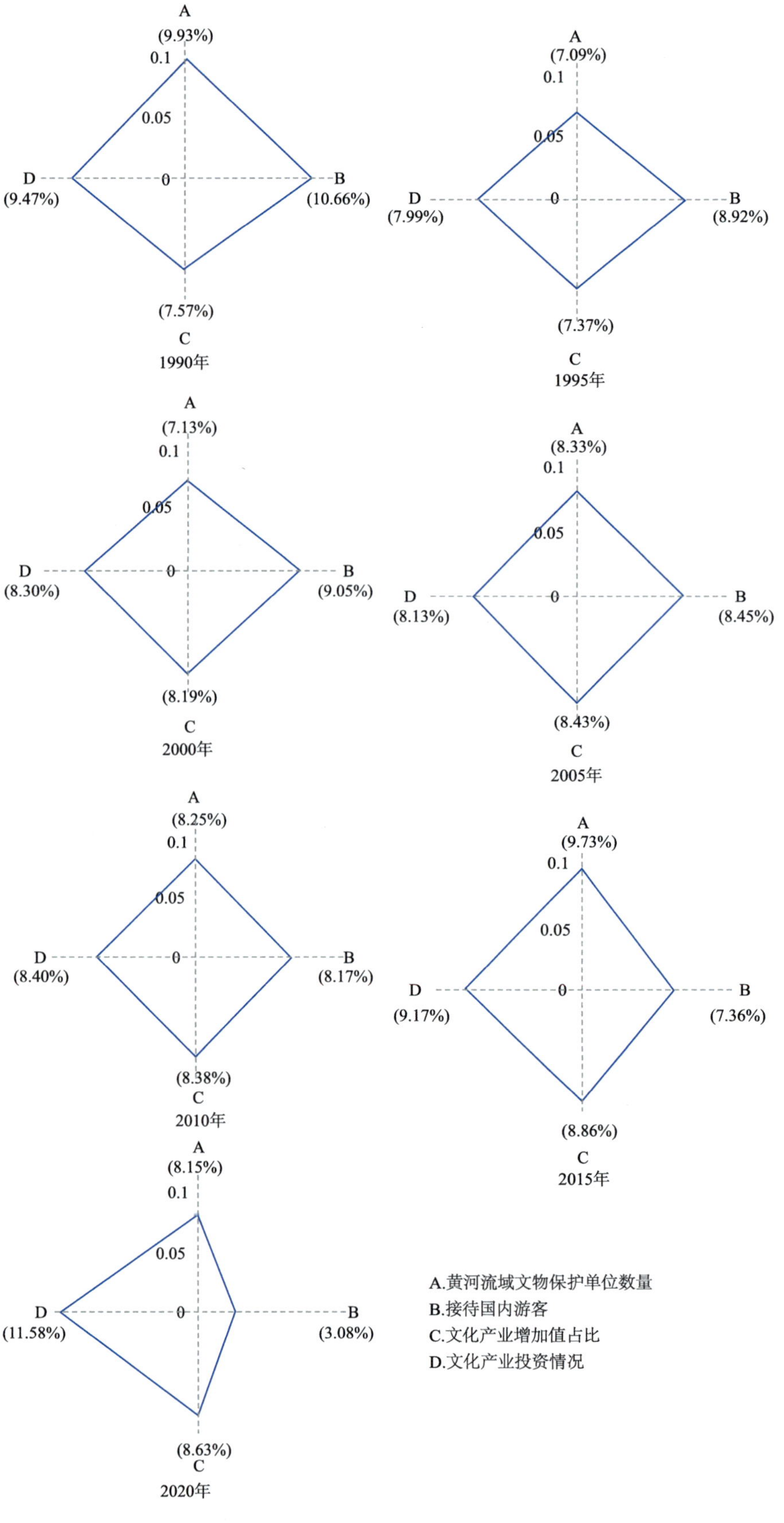

图 3-16　1990—2020 年指标层对流域巨系统文化保护传承弘扬影响的权重变化图

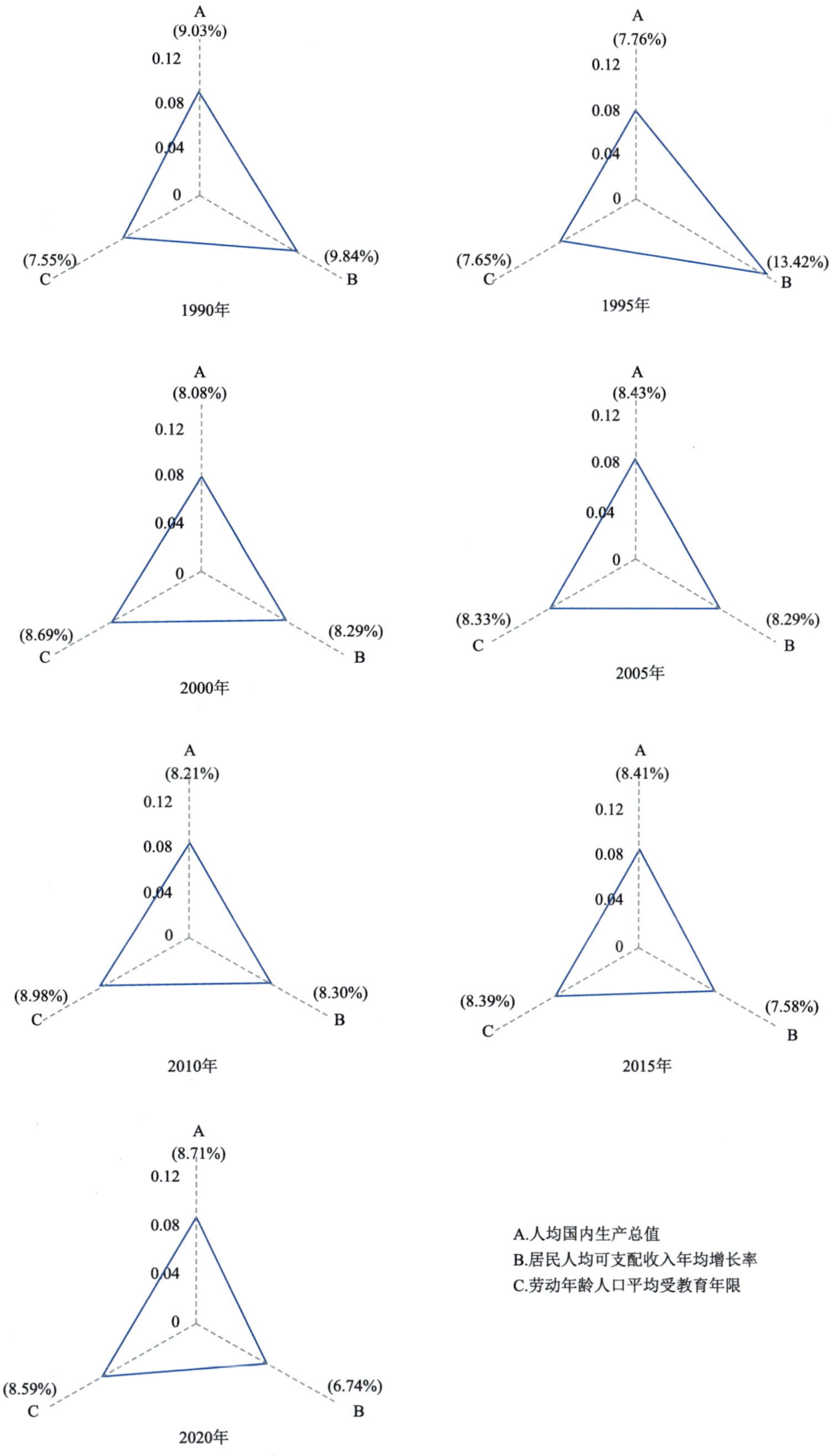

图 3-17　1990—2020 年指标层对流域巨系统民生福祉影响的权重变化图

4 结论和建议

4.1 主要结论

通过对 1990—2020 年黄河流域生态保护和高质量发展水平开展综合评价,形成如下四条基本结论。

一是过去 31 年间,尤其是党的十八大以来,伴随一系列重大治理保护措施的实施,黄河流域生态保护和高质量发展水平总体呈显著上升趋势。评价结果显示,我国黄河流域发展指数在过去 31 年整体呈上升态势,最大值为 64.13(2020 年),最小值为 52.53(1992 年),大致经历了如下三个阶段:一是低位波动期(1990—1997 年),YBDI 整体水平相对较低,其间出现过两次大幅下降,与 1992 年黄河断流和“96 · 8”洪水密切相关。二是缓慢上升期(1998—2011 年),尽管 YBDI 依然保持波动趋势,但整体水平有一定提升,在此期间建成投运了黄河万家寨和小浪底枢纽,实施全河水量统一调度,不断完善工程调度手段,逐步解决黄河断流问题;持续调水调沙提升下游河道过流能力,不断加强生态环境保护力度,使流域生态流量持续增加,流域承载力得以维持,加之流域发展各要素间既相互博弈又呈现一定协同作用,流域系统总体发展质量逐步趋好。三是显著上升期(2012—2020年),受党的十八大以来流域科学决策、系统治理和重大工程实施等叠加效应的积极影响,流域生态环境和发展质量持续向好,推动YBDI显著改善,2019年黄河流域生态保护和高质量发展重大国家战略的提出,进一步促进了黄河流域发展质量的提升。

二是河流健康、生态环境、社会经济三个子系统发展趋势稳步向好,且相互间协同水平不断提升。YBDI在过去31年间的稳步提升,得益于流域河流健康指数(RHI)、生态环境发展指数(EDI)、社会经济发展指数(SDI)三大子系统的稳步提升,分别由20世纪90年代初的52.20、53.79、53.69提高到2020年的78.95、71.72、77.84。同时,各子系统间协同发展水平也在不断提升。其中,1990—1999年期间,河流健康子系统、生态环境子系统与社会经济子系统发展呈负相关关系,表明这一时期流域经济发展所带来的资源高消耗和对生态环境的人为干扰,让流域整体发展水平承受较大压力,经济发展和生态环境、河流保护之间的关系并不协调。新世纪以来,流域地区快速城镇化仍对自然生态系统造成负面影响,但由于一系列治水工程和生态保护修复措施的实施,黄河断流问题在很大程度上得到解决,加之我国加入WTO并陆续实施西部大开发、中部崛起等一系列重大战略,使流域发展各要素协同水平有所提升。党的十八大以来,在“五位一体”总体布局中,生态文明建设位列其中,黄河流域生态保护和高质量发展也上升为重大国家战略,国家更加注重对黄河流域河流治理、生态环境保护和经济社会文化建设进行系统性谋划与管理,使各子系统发展指数快速增长,协同程度不断提升。

三是极端灾害事件会对黄河流域生态保护和高质量发展产生重大干扰。长期以来,黄河流域由于水资源短缺、生态环境本底相对脆弱、特殊水沙关系、经济社会发展相对滞后等原因,更易受到极端灾害事件的影响。根据近30年来YBDI所呈现的重大波动情况,至少可以观察到以下三方面干扰因素。一是特大洪水,黄河由于特殊水沙关系,洪涝问题本身比较复杂且影响较大,造成YBDI显著下降,此后发生的较大洪水也有此效应。二是黄河断流,如1992年的黄河断流使YBDI出现较大波动,1997年黄河更是发生有史以来最严重断流,全年断流时间累计长达 226 天,断流长度达 704 千米,对黄河河流健康造成了重要且长远影响,使 YBDI 整体处于相对较低水平。三是环境污染,在 20 世纪 90 年代和 21 世纪初,受流域中下游经济社会快速发展和工业化城镇化快速推进影响,水污染问题一度非常严重,干流多数河段几乎都为Ⅴ类或劣Ⅴ类水,对 EDI、YBDI 都产生了重大负面影响。

四是典型河段总淤积量、生境质量指数等关键指标突出反映了事关黄河治理保护的核心矛盾和问题。评价结果显示,河流健康子系统中的“典型河段总淤积量(黄河下游)”指标在 1990—2020 年中有 11 个年份权重最大,表明水沙关系仍是黄河最大的问题,是制约黄河流域生态保护和高质量发展的关键因素;权重频次较大的指标还有“生境质量指数”“重要断面生态流量保证程度”和“典型省份清洁能源构成占比”等(见表 5-2),表明这些指标也是影响流域治理和发展的关键因素,较为客观地反映了黄河治理保护的核心矛盾。综合来看,特殊水沙关系造成洪涝防治问题复杂难解决,水资源短缺与产业结构以能源、农业为主,加剧人水不和谐,生态环境本底脆弱则对生态环境保护提出更高要求。

4.2 政策建议

结合评价结果分析,对下一步深入贯彻落实《纲要》、稳步提升黄河流域生态保护和高质量发展水平提出如下建议。

一是高度重视流域发展水平评价工作在黄河流域生态保护和高质量发展重大国家战略中的地位和作用。加强黄河流域生态保护和高质量发展评价工作,对科学评估《纲要》实施情况,提升决策支撑能力意义重大。建议尽快将评价工作纳入国家推动黄河流域生态保护和高质量发展领导小组议事日程,设立统计评价工作组,健全与国家高质量发展考评工作的协调机制,不断夯实基础能力,加快开展统计评价工作。同时,评价指标体系的构建,要紧紧围绕《纲要》目标任务,统筹考虑综合类与部门类统计监测指标,明确统计监测范围和单元,兼顾黄河上中下游不同类型区域特点和工作重心,确定评价指标。此外,还可积极引入第三方权威研究机构开展黄河流域生态保护和高质量发展评价工作,鼓励发布流域发展指数类研究成果,同时探索更多方面的专业指数,如黄河健康指数、黄河文化发展指数等,更好服务和支撑黄河流域生态保护和高质量发展综合评价、科学决策与政府考核工作。

二是提升流域发展质量须进一步加

强河流健康、生态环境、社会经济各子系统协同。要高度注重保护、治理、发展等各项工作的协同性，进一步提升生态文明建设水平，将江河治理和生态文明建设融入高质量发展全局，促进各子系统发展指数均衡增长和相互协同。要统筹考虑黄河流域自然生态各要素关系，进行系统保护、宏观管控、综合治理，提升生态系统健康与永续发展水平，提高生态系统生态产品供给能力，满足经济社会发展需要，达到“生态、生产、生活”协调发展、经济社会可持续发展的治理目标。要立足黄河上中下游地区不同的比较优势和资源环境承载力，统筹流域经济布局，优化流域生态环境空间格局，明确不同区段的不同主体功能区定位，将沿黄地区城市建设、产业布局、河道治理、生态保护、文化传承等一体规划，构建优势互补、互利共赢的黄河流域发展新格局。

三是围绕完善黄河流域水沙调控体系、构建国家水网、加快落实水资源最大刚性约束、优化流域能源发展战略等关键问题，强化流域治理管理重点工作。高度重视水沙关系调节、生态流量保证、清洁能源发展、水资源刚性约束等影响黄河流域生态保护和高质量发展的关键因素。一要进一步完善黄河流域水沙调控体系，健全黄河流域防灾减灾调控体系；加快推动黑山峡、古贤、碛口等水利工程建设，发挥骨干水库作用，提升流域防洪、抗旱、水沙调节能力，增加水沙调控后续动力，为黄河长久安澜提供保障。二要加快构建现代化水网体系，包括加快推进引汉济渭二期等工程建设和南水北调西线工程规划方案比选论证等，尽力缓解黄河流域资源型缺水实际，为流域供水安全、生态安全提供保障。三要着眼于黄河流域在保障国家能源安全、粮食安全方面的不可替代性，与水资源最大刚性约束要求相适应，健全水资源管理体系。四要加快推进多能互补新型清洁能源基地建设，增加黄河流域清洁能源构成比例，为流域高质量发展提供基础支撑。

四是坚持综合治理、系统治理、源头治理，以底线思维应对黄河流域风险因素。黄河流域在过去 30 年间出现过断流、洪涝灾害、生态环境破坏等重大灾害事件，经过持续治理与保护，重大风险发生概率显著下降。但还应看到，黄河流域上中游多为干旱—半干旱区，生态环境敏感、脆弱；中下游地区经济社会活动较为发达，水资源开发强度大，对生态环境造成的压力仍在持续，诸多固有风险因素仍会涌现，且会以新的形式展现。一是在气候变化和极端天气增多背景下，水沙关系面临前所未有新特征，水沙调控体系也面临新挑战，这些都要求对黄河重大洪涝灾害风险始终保持高度警惕。二是局部地区生态系统恶化风险始终存在，包括突发性源头水源涵养功能降低、中游水土流失加剧、下游生态流量降低、部分地区河口湿地萎缩及支流污染。三是水资源短缺和利用效率不高，特别是流域水资源-粮食-能源三要素之间存在巨大张力，始终构成对流域经济社会高质量发展的重大约束和风险。为此，要按照《纲要》的各项治理保护要求，牢牢把握底线思维，切实在完善风险防控机制上下功夫，实现风险研判、决策风险评估、风险防控协同、风险防控责任的系统有机协调，坚持综合治理、系统治理、源头治理，着力保障黄河长治久安，让黄河成为造福人民的幸福河。

5 附录

5.1 流域发展指数理论介绍

5.1.1 信息熵

本研究引入信息熵理论对流域系统中指标元素的信息量、系统的有序度(混乱程度)和发展趋势进行量化研究。信息熵是对不确定性的度量,流域系统中指标熵值越高,系统越混乱,有序度越低,流域发展因素不确定性越高,发展质量越低。

信息熵可表征流域巨系统的有序程度,同时,每年熵值的变化也可反映流域巨系统的发展趋势。从熵增原理出发,流域巨系统的熵变化取决于内外两个方面:一方面是由于流域巨系统自身生存发展的不可逆过程而产生的正熵;另一方面,黄河流域巨系统如同一个有机体,为了保持健康、可持续的有序发展趋势,须从外部大环境中获得有效负熵流,即不断进行内部系统与外部环境之间的信息、物质、能量的交换。一般在流域系统内部，正熵与负熵处于动态变化中，系统的有序度随着负熵的增加而提高，当负熵的增加超过一定阈值时，流域复杂系统的发展质量将从低层次跃升到高层次。

5.1.2 耗散结构

流域巨系统是河流系统与外部生态环境、社会经济活动相互作用形成的，具有典型的非平衡性、开放性和自组织性，系统演化呈现非均匀性并伴随涨落现象。流域巨系统的发展依赖于河流形势、生态环境和社会发展的多重影响，具有明显的耗散结构特征。流域巨系统是一个与外界环境存在物质能量交换的自组织系统，系统内部存在着复杂的相互作用关系，因此可利用耗散结构理论进行系统稳定性和演变规律研究。

黄河流域发展指数（Yellow River Basin Development Index，YBDI）以流域巨系统为研究对象，分析复杂系统与外部环境正、负熵变，并引入耗散结构量化分析的布鲁塞尔器模型，构建以耗散结构为基础的系统演变研究框架，系统评价演变特征及影响因素，以判断系统是否为耗散结构，为建立科学与系统的流域治理方案提供理论依据。

5.2 YBDI 指标评价标准

5.2.1 YBDI 评价指标体系

本研究将流域发展质量综合评价指标体系分为目标层、准则层、指标层三个层次，具体介绍如下。

➢目标层

流域系统作为一个有机复合系统，在其全生命周期的各个阶段，都必须以系统论思维为统领进行统筹考虑。流域的系统治理要以河流基本功能维持、区域社会经济高质量发展、流域生态环境有效保护三维协同为整体治理目标，多维度研究流域综合治理的整体布局及不同治理措施之间博弈的协同效应。因此，按照流域治理目标层划分，流域巨系统可以分为河流健康子系统、生态环境子系统、社会经济子系统。三个子系统之间相互影响、相互依存，但是从子系统角度出发，又有一定的边界，因此可以作出区分。

➢准则层

按照对流域巨系统中河流健康子系统、生态环境子系统、社会经济子系统的划分，河流健康子系统包括水安全、自然禀赋、水文泥沙情势和水灾害治理；生态环境子系统包括生态保护修复和污染治理；社会经济子系统包括高质量发展、文化保护传承弘扬和民生福祉。

➢指标层

为支持目标层和准则层的数据分析工作，指标层的重点工作是构建流域巨系统指标体系。根据流域巨系统内涵，结合国内外关于河流发展评价的相关实践和专家意见，以系统性、全面性和可获取性为原则，针对流域生态保护和高质量发展要求，构建流域发展质量综合评价指标体系。

5.2.2 指标构成

选择代表性指标反映水安全、自然禀赋、水文泥沙情势、水灾害治理、生态保护修复、污染治理、高质量发展、文化保护传承弘扬和民生福祉等准则层的变化状况，具体指标构成如表5-1所示。

表5-1 YBDI评价指标体系

序号	目标层（一级指标）	准则层（二级指标）	指标层（三级指标）	单位
1	河流健康	水安全	典型断面径流量（花园口/头道拐/利津）	亿立方米
2			地表水水资源开发利用率	%
3			农田亩均灌溉用水量	立方米
4			万元GDP用水量	立方米
5			城市供水管网漏损率	%
6			地下水开采率	%
7		自然禀赋	气温距平值	℃
8			年降水总量	毫米
9			人均水资源量	立方米
10		水文泥沙情势	典型河段主河槽过洪能力（宁蒙河段/黄河下游）	立方米/秒
11			来沙量	亿立方米
12			典型河段总冲淤量（宁蒙河段/黄河下游）	亿立方米
13			来水来沙协调度	—
14		水灾害治理	流域大型水库拦沙量	亿立方米
15			重要河段防洪工程达标率	%
16			流域大型水库总库容系数	—
17			雨水管道总计	千米
18	生态环境	生态保护修复	森林覆盖率	%
19			生境质量指数	—
20			重要湿地面积变化率	%
21			土地胁迫指数	—
22			黄土高原水土流失治理面积	平方千米
23			重要断面生态流量保证程度	—
24			净初级生产力（NPP）	克碳/平方米
25		污染治理	地表水达到或好于Ⅲ类水质断面比例	%
26			地表水劣Ⅴ类水质断面比例	%
27			黄河流域城市空气质量优良天数比率	%
28			城镇污水处理率	%

续表

序号	目标层（一级指标）	准则层（二级指标）	指标层（三级指标）	单位
29	社会经济	高质量发展	粮食产量	亿斤
30			典型省份清洁能源构成(水电、风电及其他发电占比)	%
31			研究与试验发展经费投入强度	%
32			常住人口城镇化率	%
33			万元 GDP 能耗	吨标准煤
34			非农产业产值占 GDP 比重	%
35		文化保护传承弘扬	文化产业增加值占比	%
36			文化产业投资情况	万元
37			黄河流域文物保护单位数量	个
38			接待国内游客	亿人次
39		民生福祉	人均国内生产总值	美元
40			居民人均可支配收入年均增长率	%
41			劳动年龄人口平均受教育年限	年

5.3 YBDI 指标介绍及计算方法

5.3.1 指标介绍

指标 1:典型断面径流量(花园口/头道拐/利津)

概念:一年内通过河流某一过水断面的水量,也称年径流量。

指标 2:地表水水资源开发利用率

概念:流域地表水用水量占水资源总量的比例,体现流域地表水水资源开发利用程度。

计算方法:地表水水资源开发利用率=黄河地表水供水量/利津断面天然径流量。

指标 3:农田亩均灌溉用水量

概念:农田每亩地灌溉所需的用水量。

计算方法:农田亩均灌溉用水量=农田实际灌溉用水量/农田实际灌溉面积。

指标 4:万元 GDP 用水量

概念:流域万元 GDP 所需的水量。

计算方法:万元 GDP 用水量=流域用水总量/流域 GDP(单位:万元)。

指标 5:城市供水管网漏损率

概念:城市供水总量和有效供水总量之差与供水总量的比值。

计算方法:城市供水管网漏损率=城市管网漏损水量/供水总量。

指标 6:地下水开采率

概念:流域地下水开采量占地下水资源量的比例,体现流域地下水水资源开采程度。

计算方法：地下水开采率=黄河地下水取水量/利津断面以上区域地下水资源量。

指标 7：气温距平值

概念：一系列平均气温（日平均气温、月平均气温等）与总平均气温的差值。

计算方法：气温距平值=|年平均气温-总平均气温|。

指标 8：年降水总量

概念：沿黄九省份年降水总量之和。

指标 9：人均水资源量

概念：流域内人口平均占有的水资源量。

计算方法：人均水资源量=流域总水资源量/流域总人口。

指标 10：典型河段主河槽过洪能力（宁蒙河段/黄河下游）

概念：典型河段主河槽满槽时的最大过流量。

指标 11：来沙量

概念：一年内输入系统内的沙量。

指标 12：典型河段总冲淤量（宁蒙河段/黄河下游）

概念：典型河段一年内河道冲刷或淤积总量。

指标 13：来水来沙协调度

概念：表征来水来沙协调程度，认为黄河协调的水沙关系是指长时段内维持河道（主槽）不淤或微淤的水沙搭配过程。

计算方法：来水来沙协调度=来沙系数/冲淤平衡临界来沙系数。

指标 14：流域大型水库拦沙量

概念：万家寨、三门峡、小浪底、西霞院四库每年汛前拦沙量之和。

指标 15：重要河段防洪工程达标率

概念：根据黄河宁蒙河段、黄河下游河段防洪工程标准，《防洪标准》（GB 50201-2014）及《堤防工程设计规范》（GB 50256-2013）等标准评判。

指标 16：流域大型水库总库容系数

概念：黄河流域水库总体调节能力。

计算方法：流域大型水库总库容系数=黄河流域大型水库的兴利库容之和/利津断面多年平均天然年径流量。

指标 17：雨水管道总计

概念：雨水管道总计是指城市排水设计中，用于排泄雨水的管道总长度，包括雨水管道和雨污合流管道。

计算方法：雨水管道总计=排水管道长度-污水管道长度=雨水管道长度+雨污合流管道长度。

指标 18：森林覆盖率

概念：森林覆盖率是指森林面积占土地总面积的比率，是反映区域森林资源和林地占有的实际水平的重要指标，一般使用百分比表示。

计算方法:森林覆盖率=(森林面积/土地总面积)×100%。

指标 19:生境质量指数

概念:利用单位面积上不同生态系统类型在生物物种数量上的差异,综合评价区域生物栖息地质量。

计算方法:生境质量指数 = A_{bio} × $(0.35\times S_{林}+0.21\times S_{草}+0.28\times S_{湿}+0.11\times S_{耕}+0.04\times S_{建}+0.01\times S_{未})$/区域面积。

式中,A_{bio} 为归一化系数,参考值为 511.2642131067,$S_{林}$、$S_{草}$、$S_{湿}$、$S_{耕}$、$S_{建}$、$S_{未}$ 分别为林地、草地、水域湿地、耕地、建设用地和未利用地的面积。

指标 20:重要湿地面积变化率

概念:对黄河源、乌梁素海和河口三角洲三处湿地进行的卫星影像解译结果。

计算方法:重要湿地面积变化率 =(湿地变化面积/湿地总面积)×100%。

指标 21:土地胁迫指数

概念:表征评价区土地质量遭受胁迫的程度。

计算方法:土地胁迫指数 = Aero ×(0.4×重度侵蚀面积+0.2×中度侵蚀面积+0.2×建设用地面积+0.2×其他土地胁迫)/区域面积。

式中,Aero 为土地胁迫指数的归一化系数,参考值为 236.0435677948。

指标 22:黄土高原水土流失治理面积

概念:指在黄土高原地区水土流失面积上,按照综合治理的原则,采取各种治理措施治理的水土流失总面积,反映黄土高原水土保持治理能力。

指标 23:重要断面生态流量保证程度

概念:河湖生态流量是维系河流、湖泊等水生态系统的结构和功能,需要保留在河湖内符合水质要求的流量(水量、水位)及其过程。

计算方法:重要断面生态流量保证程度=(控制断面流量监测值/指导流量值)×100%。

指标 24:净初级生产力(NPP)

概念:净初级生产力(NPP)指绿色植物在单位时间内单位面积上能固定的总能量中除去其自身呼吸消耗掉的部分。

计算方法:净初级生产力(NPP)= 光合有效辐射×植物光能利用率。

指标 25:地表水达到或好于Ⅲ类水质断面比例

概念:Ⅲ类水质是绝大部分生物能够生存的水,适合渔业生产,也是饮用水源二级保护区水质要求。地表水达到或好于Ⅲ类的水体,表明水体水质良好,利于生态系统健康发展,也能满足生活用水要求。根据《地表水环境质量标准》(GB 3838-2002)对水域功能Ⅲ类的定义,Ⅲ类水为水域功能满足“适用于集中式生活饮用水地表水源地二级保护区、鱼虾类越冬场、洄游通道、水产养殖区等渔业水域及游泳区”要求,且24项水环境质量指标介于“地表水环境质量标准基本项目标准限值”Ⅱ-Ⅲ类限值之间的水体。Ⅲ类地表水有利于人居健康、水资源利用和生态系统稳定。

计算方法:地表水达到或好于Ⅲ类水质断面比例=(满足水质要求断面数量/监控断面数量)×100%。

指标26:地表水劣Ⅴ类水质断面比例

概念:根据《地表水环境质量标准》(GB 3838-2002)对水域功能Ⅴ类的定义,劣Ⅴ类水为水域功能不满足“适用于农业用水区及一般景观要求水域”的要求,且24项水环境质量指标低于“地表水环境质量标准基本项目标准限值”Ⅴ类限值的水体。劣Ⅴ类地表水不利于人居健康和水资源利用,易引发黑臭、水华等水生态系统失衡现象。

计算方法:地表水劣Ⅴ类水质断面比例=(满足水质要求断面数量/监控断面)×100%。

指标27:黄河流域城市空气质量优良天数比率

概念:城市空气质量主要观测6项污染物浓度达标($PM_{2.5}$、PM_{10}、SO_2、NO_2、O_3和CO)的优良天数占全年天数的比例。

计算方法:黄河流域城市空气质量优良天数比率=(优良天数/365)×100%。

指标28:城镇污水处理率

概念:城镇污水处理率指污水处理总量与污水排放总量的比率,反映了污水处理设施进水的处理水量,是评价城镇污水处理工作的标志性指标。

计算方法:城镇污水处理率=(污水处理厂进厂水量/污水排放总量)×100%。

指标29:粮食产量

概念:指农业生产经营者日历年度内生产的全部粮食数量。按收获季节包括夏收粮食、早稻和秋收粮食,按作物品种包括谷物、薯类和豆类。

指标30:典型省份清洁能源构成(水电、风电及其他发电占比)

概念:风、光、水电等可再生能源产量占该地区总能源产量的比重,用百分比表示。

计算方法:典型省份清洁能源构成(水电、风电及其他发电占比)=[可再生能源产量(风、光、水电等)/总能源产量]×100%。

指标 31：研究与试验发展经费投入强度

概念：指在科学技术领域，为增加知识总量，以及运用这些知识去创造新应用而进行的系统创造性活动，包括基础研究、应用研究、试验发展三类活动。国际上通常采用研发活动的规模和强度指标反映一国的科技实力和核心竞争力。

指标 32：常住人口城镇化率

概念：城镇化率是城镇化的度量指标，一般采用人口统计学指标。

计算方法：常住人口城镇化率=[常住城镇人口/总人口（包括农业与非农业）]×100%。

指标 33：万元 GDP 能耗

概念：是指企业每万元工业产值所消耗的能源量（吨标准煤）。

计算方法：万元 GDP 能耗=年能源消费总量/年生产总值。

指标 34：非农产业产值占 GDP 比重

概念：是制造业（第二产业）与服务业（第三产业）产值之和在 CDP 中的比重，这是计算工业化指数的产业结构指标。

计算方法：非农产业产值占 GDP 比重=[（制造业产值+服务业产值）/GDP]×100%。

指标 35：文化产业增加值占比

概念：文化及相关产业增加值占 GDP 比重是指一个国家（或地区）所有常驻单位一定时期内进行文化及相关产业生产活动的最终成果占国内生产总值（GDP）的比重，用百分比表示。

计算方法：文化产业增加值占比=（文化及相关产业增加值/GDP）×100%。

指标 36：文化产业投资情况

概念：以货币形式表现的在一定时期内在文化及相关产业领域全社会建造和购置固定资产的工作量以及与此有关的费用的总称。

指标 37：黄河流域文物保护单位数量

概念：文物保护单位是对确定纳入保护对象的不可移动文物的统称，并对文物保护单位本体及周围一定范围实施重点保护的区域。文物保护单位分为三级，即全国重点文物保护单位、省级文物保护单位和市、县级文物保护单位。

指标 38：接待国内游客

概念：指报告期内在黄河流域观光游览、度假、探亲访友、就医疗养、购物、参加会议或从事经济、文化、体育、宗教活动的中国居民人数，其出游的目的不是通过所从事的活动谋取报酬。统计时，国内游客按每出游一次统计 1 人次。

指标 39：人均国内生产总值

概念：是衡量各国人民生活水平的一

个标准,为了更加客观地衡量,经常与购买力平价结合。

计算方法:人均国内生产总值=一个国家核算期内(通常是一年)实现的国内生产总值/常住人口(或户籍人口)。

指标 40:居民人均可支配收入年均增长率

概念:居民人均可支配收入指居民可用于最终消费支出和储蓄的总和,即居民可用于自由支配的收入。既包括现金收入,也包括实物收入。按照收入的来源,可支配收入包含四项,分别为:工资性收入、经营净收入、财产净收入和转移净收入。

指标 41:劳动年龄人口平均受教育年限

概念:劳动年龄人口平均受教育年限指对一定时期、一定区域劳动年龄人口(15~64 岁)接受学历教育(包括成人学历教育,不包括各种学历培训)的年数总和的平均数。

5.3.2 计算方法

运用信息熵模型与耗散结构理论对流域复杂系统的演化机制进行分析,信息熵模型主要用来评价系统随时间演变的规律。首先,对所有历史数据进行整理后,按时间序列,可以计算系统随时间所表现出来的熵值变化,也就是计算和评估有序度,同时可以得出每年系统在内部熵产生和外部熵流入的共同作用下,所产生的总熵值变化。这些变化可以认为是系统受到的持续干扰或者影响,其来源可能是人类社会对河流的治理措施、对生态的保护措施,也可能是人类经济发展对河流系统造成的负面影响。接下来,运用耗散结构理论分析系统在演变过程中所处状态,以此判断系统演变的动力学特征。这些动力学特征能够描述系统的活跃性,对系统的有序程度作出定性分析,并判断系统是否可以产生自组织等耗散结构的现象。具体计算流程如图 5-1 所示。

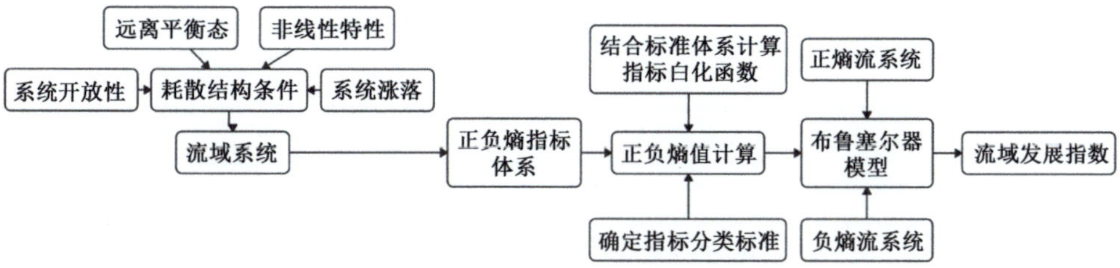

图 5-1 YBDI 计算流程图

计算 YBDI，首先需收集流域社会经济、生态、河流等相关代表性数据，根据实际数据建立流域发展指标体系，结合流域具体情况、国家标准、专家打分等标准对指标进行分类，计算指标白化函数，得到系统正负熵值。基于系统正负熵流，运用布鲁塞尔器模型推演流域系统发展状况。

黄河流域巨系统内部正负熵值的变化受到流域内部社会经济、生态环境、政策等多种因素影响，因此具有动态变化的特征。系统内部正熵流是无序本因，若没有负熵流入，内部正熵增加、系统朝无序化发展；外部负熵流是系统保持稳定的关键，或系统状态跃迁（向更高级或更稳定状态转换）的驱动因素。正负熵的交互作用影响流域系统的演进过程，其变化反映演进的方向和趋势。因此在遵循指标体系具有科学性、兼顾流域的静态状况与动态发展、具有可操作性的前提下，流域系统评价指标体系必须能够反映流域的社会经济发展状况、生态环境状态与政策体制效应等各方面信息。

（1）正负熵值计算

①指标标准确定

根据国家标准、规范或章程，参考国内外普遍认可的指标标准与国家相关法律条文等信息，结合研究流域的具体情况，对各指标数值进行分级。一般指标取值的区间可以分为几个等级，每个等级代表该指标的不同发展水平。

②指标标准区间的白化函数

为避免主观因素对 YBDI 评估的影响，考虑流域复杂系统是一个具有随机性、不确定性等模糊特征的灰色系统，本研究根据灰色理论，借助可能度函数（possibility function）来描述其取不同数值区间的“可能性”的大小。利用白化函数计算每个指标值对不同标准区间的可能度函数，进而基于此函数值得到反映该要素指标发展状况的信息熵，推演流域系统的演化情况。在研究中，根据实际情况确定指标标准的可能度函数，以及函数取值区间的起点和终点。

本研究借鉴了赵焱等对标准型白化函数的改进——指数型白化函数。针对指标数值越大越劣的情况，指标 x 对应的各标准类的白化函数如下：

对于第 1 个灰度：

$$f(x)=\begin{cases} e^{coef\frac{level_1-x}{level_n-level_1}}, & x \geqslant level_1 \\ 1, & x < level_1 \end{cases} \quad (1)$$

对于第 $k(k=(2,3,\cdots,n-1))$ 个灰度：

$$f(x)=\begin{cases} e^{coef\frac{level_1-x}{level_n-level_1}}, & x < level_{k-1} \\ 1, & level_{k-1} \leqslant x < level_k \\ e^{coef\frac{level_k-x}{level_n-level_1}}, & x \geqslant level_k \end{cases} \quad (2)$$

对于第 n 个灰度：

$$f(x)=\begin{cases} e^{coef\frac{x-level_n}{level_n-level_1}}, & x < level_n \\ 1, & x \geqslant level_n \end{cases} \quad (3)$$

式中，$coef$ 为评价标准分类数。此外，对于所有的标准区间，我们有 $level_1 < level_2 < \cdots < level_n$。一般研究中，将指标划分为"优、良、中、差"四个标准，基于指标具体取值范围，可以求出白化函数的值，从而得到指标熵值。

白化函数的优点在于，对于某一指标取值，可以借助专家设置的区间，来充分挖掘指标特性，也就代表着该要素系统单元的表现。基于每个指标取值的白化函数分布，计算该指标的信息熵，此信息熵代表了该指标相对于对应的业内指标发展标准的离散程度。

③ 熵值计算

基于指标的 n 个分类等级，流域系统内每 m 个指标比重值为：

$$p_{ij}=\frac{f_{ij}}{\sum_{j=1}^{n}f_{ij}} \quad (4)$$

式中，$j=(1,\cdots,n)$，$i=(1,\cdots,m)$，f_{ij} 为 i 指标 j 标准的白化函数值。

则每个正熵流指标的熵值 e_{A_i} 与负熵流指标的熵值 e_{B_i} 用下面公式求得：

$$e_{A_i}=-\frac{1}{lnn}\sum_{j=1}^{n}p_{ij}lnp_{ij},(i=1,2,\cdots n_A;\ j=1,2,\cdots n) \quad (5)$$

$$e_{B_i}=-\frac{1}{lnn}\sum_{j=1}^{n}p_{ij}lnp_{ij},(i=1,2,\cdots n_B;\ j=1,2,\cdots n) \quad (6)$$

式中，n_A 和 n_B 分别代表系统正熵指标与负熵指标的个数。

利用熵值法估算各指标权重，需要考虑各指标的价值系数，其中价值系数为该指标熵值与指标最大熵值之差，正负熵流指标体系内的指标之间的差异系数和权重分别用 g_{A_i}，g_{B_i}，w_{A_i} 与 w_{B_i} 表示，并用下面公式求得：

$$g_{A_i}=1-e_{A_i},(i=1,2,\cdots n_A) \quad (7)$$

$$g_{B_i}=1-e_{B_i},(i=1,2,\cdots n_B) \quad (8)$$

$$w_{A_i}=\frac{g_{A_i}}{\sum_{i=1}^{n_A}g_{A_i}} \quad (9)$$

$$w_{B_i}=\frac{g_{B_i}}{\sum_{i=1}^{n_B}g_{B_i}} \quad (10)$$

利用各指标的熵值和权重，经过加权求和，可以计算得出每个时间段内此河流系统的总正熵 A 与总负熵 B：

$$A=\sum_{i=1}^{n_A}w_{A_i}e_{A_i},(i=1,2,\cdots n_A) \quad (11)$$

$$B=\sum_{i=1}^{n_B}w_{B_i}e_{B_i},(i=1,2,\cdots n_B) \quad (12)$$

(2)布鲁塞尔器模型转义

普利高津学派提出的布鲁塞尔器(Brusselator)模型，通过分析化学交叉催化反应系统，为我们提供了量化分析耗散结构的方法。经过对布鲁塞尔器模型的转义，可以为判断河流系统是否达到耗散结构提供数学判据。

布鲁塞尔器模型描述的化学反应系统可用以下方程组来表示：

$$A \xrightarrow{K_1} X$$

$$B+X \xrightarrow{K_2} Y+D$$

$$Y+2X \xrightarrow{K_3} 3X$$

$$X \xrightarrow{K_4} E \qquad (13)$$

式中，A、B 代表初始反应物，D、E 代表反应产物，X、Y 代表中间成分，其浓度随反应时间而变化，K_i 代表反应系数，这里统一给定 $K_i=1$。此反应体系的动力学方程为：

$$\frac{dX}{dt}=A+X^2Y-BX-X$$

$$\frac{dY}{dt}=BX-X^2YX \qquad (14)$$

该方程组存在唯一的均匀定态解：

$$X_0=A, Y_0=\frac{B}{A} \qquad (15)$$

布鲁塞尔器模型判定系统成为耗散结构的动力学临界条件为 $|B|>1+A^2$，在此条件下，方程组的解将变得不稳定，系统进入耗散结构状态；当 $|B|<1+A^2$ 时，系统不在耗散结构状态；当 $|B|=1+A^2$ 时，系统处在两者之间的临界状态。

将布鲁塞尔器模型转义，也就是分别将 A、B、D、E、X、Y 代表的意义转变成河流系统中的相关概念：A、B 分别为该系统总体的正熵和负熵；D、E 为正熵和负熵相互作用下可能形成的两种河流状态，D 为非耗散结构，E 为耗散结构；X、Y 分别代表正熵和负熵指标体系中的影响指标因素。可以根据布鲁塞尔器模型，判定该流域系统是否处在耗散结构状态。

(3) YBDI 值计算

利用以上小节中得出的结果，可以用下式计算耗散结构判别指标（用 $Index_{DS}$ 来表示）：

$$Index_{DS}=|B|-(1+A^2) \qquad (16)$$

计算 YBDI 值：

$$YBDI=100\cdot(Index_{DS}+2)/3 \qquad (17)$$

式中，$Index_{DS}$ 是基于布鲁塞尔器模型计算得到的耗散结构指标，考虑易于推广的原则，本研究采用百分制为 YBDI 赋分，计算得分时，将耗散结构指标取值范围线性转换至［0，100］区间，得出如式(17)中的转换公式，当 $Index_{DS}$ 为 0，即系统达到耗散结构阈值时，YBDI 赋分为 66.7。

(4) 河流健康指数（RHI）评估

河流在人类社会发展过程中起着无法替代的重要作用。河流系统是一个耗散结构，河流系统指标的选择，应在分析河流系统特点、存在问题和治理目标的基础上,按照科学、独立、客观、可操作的原则,参考有关研究成果提出。聚焦具体流域,遴选河流系统指标。建立河流指标体系与指标标准,构建指标标准区间白化函数,计算熵值与河流健康指数(River Health Index,RHI)。

若河流各个指标 $i(i=1,2,\cdots,m)$ 的信息熵值为 S_i,权重为 w_i,将各指标的熵值和权重加权求和,即可算出此河流系统的总熵,公式如下:

$$S_{total}=\sum_{i=1}^{m}(S_i\cdot w_i) \tag{18}$$

RHI 为评价河流系统健康状况的指标,其从河流健康发展视角出发,综合分析洪水、泥沙、水资源等相关因素。河流健康指数涵盖了各个河流健康因子的信息,能够表征流域河流总体健康状况。RHI 计算公式如下:

$$RHI=\left(1-\sum_{i=1}^{m}(S_i\cdot w_i)\right)\times 100 \tag{19}$$

式中,S_i 为各指标熵值,w_i 为各指标对应的熵权,m 为用河流健康子系统中的指标数。

(5)生态环境发展指数(EDI)评估

生态环境发展指数(Environment Development Index,EDI)是流域发展指数体系的重要指标,是生态环境子系统作为流域巨系统有机组成的关键内核之一。EDI 从生态环境保护角度出发,量化环境指标等相关因素,是基于系统理论和熵权分析得到的用于评价流域生态环境发展质量的综合性指标。本研究采用熵权法对流域生态环境子系统指标进行加权求和,得到系统熵值,即 EDI 值,用来评价流域生态环境发展演变状况。EDI 计算公式如下:

$$EDI=\left(1-\sum_{i=1}^{m}(S_i\cdot w_i)\right)\cdot 100 \tag{20}$$

式中,S_i 为各指标熵值,w_i 为各指标对应的熵权,m 为生态环境子系统中的指标数。

(6)社会经济发展指数(SDI)评估

社会经济发展指数(Social Development Index,SDI)是流域发展指数体系的重要指标,是社会经济发展子系统作为流域巨系统有机组成的关键内核之一。SDI 从社会发展角度,量化研究人口特征、居民生活质量、经济增长水平、地区产业结构等相关因素,是基于系统理论和熵权分析得到的用于评价流域社会经济发展的综合性指标。采用熵权法对流域社会经济子系统指标进行加权求和,得到系统熵值,即 SDI 值,用来评价流域社会发展演变状况。SDI 计算公式如下:

$$SDI=\left(1-\sum_{i=1}^{m}(S_i\cdot w_i)\right)\cdot 100 \tag{21}$$

式中,S_i 为各指标熵值,w_i 为指标对应的熵权,m 为社会经济子系统中的指标数。

5.4 数据来源及处理

5.4.1 数据来源

指标数据来源于各类年鉴、公报、实

测资料和遥感等途径，具体数据来源如表 5-2 所示。

表 5-2　YBDI 评价指标数据来源汇总表

序号	指标	数据来源
1	典型断面径流量（花园口/头道拐/利津）	中华人民共和国水文年鉴
2	地表水水资源开发利用率	《黄河水资源公报》(1980—2020 年)
3	农田亩均灌溉用水量	《中国水资源公报》(1980—2020 年)
4	万元 GDP 用水量	《中国水资源公报》(1980—2020 年)
5	城市供水管网漏损率	《中国城乡建设统计年鉴》
6	地下水开采率	《水资源公报》(1980—2020 年)
7	气温距平值	国家气象科学数据中心
8	年降水总量	国家气象科学数据中心
9	人均水资源量	《中国水资源公报》《国民经济统计年鉴》
10	典型河段主河槽过洪能力（宁蒙河段/黄河下游）	《黄河下游河道排洪能力分析报告》
11	来沙量	中华人民共和国水文年鉴
12	典型河段总冲淤量（宁蒙河段/黄河下游）	《小浪底水库初期运用方式研究报告》，黄河水利委员会水文局
13	来水来沙协调度	根据中华人民共和国水文年鉴黄河流域水文资料查得的含沙量和流量求得
14	流域大型水库拦沙量	水利部水文局整编资料
15	重要河段防洪工程达标率	水利统计年鉴(城市)
16	流域大型水库总库容系数	《黄河流域水工程防灾联合调度系统可行性研究报告》
17	雨水管道总计	《中国城乡建设统计年鉴》
18	森林覆盖率	自然资源部门(或林业部门)提供
19	生境质量指数	利用土地利用数据计算得到，土地利用数据来自自然资源部门
20	重要湿地面积变化率	自然资源部门提供
21	土地胁迫指数	利用土地利用数据计算得到，水利部黄河水利委员会上中游局及水利部水保司提供
22	黄土高原水土流失治理面积	水利部黄河水利委员会上中游局及水利部水保司提供
23	重要断面生态流量保证程度	控制断面流量监测值、水利部《重点河湖生态流量保障目标》
24	NPP	中国科学院资源环境科学与数据中心，中国 2000—2010 年 NPP 数据
25	地表水达到或好于Ⅲ类水质断面比例	《中国生态环境状况公报》(1980—2020 年)
26	地表水劣Ⅴ类水质断面比例	《中国生态环境状况公报》(1980—2020 年)
27	黄河流域城市空气质量优良天数比率	《中国生态环境状况公报》

续表

序号	指标	数据来源
28	城镇污水处理率	住房和城乡建设部(或国家统计局)提供,《中国城市建设统计年鉴》中提到了污水集中处理率
29	粮食产量	《中国统计年鉴》(1999—2020 年)
30	典型省份清洁能源构成(水电、风电及其他发电占比)	《中国统计年鉴》(1999—2020 年)
31	研究与试验发展经费投入强度	国家统计局《全国科技经费投入公报》(2000—2020 年)
32	常住人口城镇化率	《中国统计年鉴》 分地区年末城镇人口比重(分地区、分性别的各种户口状况人口) 1998—2019 年
33	万元 GDP 能耗	《中国能源统计年鉴》(1980—2020 年)
34	非农产业产值占 GDP 比重	《中国统计年鉴》(1980—2020 年)
35	文化产业增加值占比	文化及相关统计年鉴
36	文化产业投资情况	文化及相关统计年鉴
37	黄河流域文物保护单位数量	部分地市统计年鉴,各地市文化旅游局
38	接待国内游客	各省份统计年鉴,河南省统计年鉴(各地级市) 各地级市统计年鉴
39	人均国内生产总值	《中国统计年鉴》(1999—2020 年)
40	居民人均可支配收入年均增长率	各地级市统计年鉴
41	劳动年龄人口平均受教育年限	部分河南省统计年鉴有不同年龄段人员受教育程度, 可进行推算

5.4.2 数据预处理

经行业专家认定,收集流域复杂系统内包括河流、生态、经济等各方面具有主要影响作用的指标数据,其中指标数据分为时间与空间两个维度。时间维度的信息构成时间序列数据,需要统一所有评价指标的颗粒度,若研究的时间跨度较长,可采用以年为单位的数据。从空间维度来说,由于流域是复杂巨系统,可以采用分区域的方法收集数据,比如利用流域各省份、各个区域、几个典型断面或者水文站的数据表征全流域巨系统的总体特征。

鉴于数据具有多源异构特性,且在收集检测等过程中存在一定的干扰,故其一般是“缺失”的,即数据通常是不完整的(缺少某些属性值)、具有噪音(包含错误、异常数据或存在偏离期望的孤立点值)、不一致性(包含编码或名称的差异)。低质量的数据必将导致低质量的挖掘结果,故要求必须将收集到的数据指标进行检查,并做相应的数据处理以满足数据高质量要求。

对流域系统的演变研究基于流域内各指标随时间的变化,考虑流域的空间跨度较大,对于有空间差异的指标,要求数据在各区域内有完整的时间序列。利用数据预处理技术,即数据的增加、删减和变换,对所收集的指标时间序列数据预处理,形成流域复杂系统的评价指标。

对于噪音数据,结合专家分析与数据分析,进行个别异常数据删除和调整;对于不一致数据,结合具体问题,借助数据标准化或归一化等途径将数据进行一致性转换;对于数据缺失问题,根据不同情况,灵活采用直线插值、样条插值、拉格朗日插值及灰色预测法等方法进行补齐,经合理性分析后用于本次研究。